JN262334

英語学習者のための
Google・英辞郎検索術

開拓社
言語・文化選書
48

英語学習者のための
Google・英辞郎検索術

衣笠忠司 著

開拓社

は　し　が　き

　英文を Google 検索する場合には一般的な技があり，それは衣笠（2010）で紹介したとおりです。しかし，Google より優れている点もあった Yahoo Japan が，2010 年末より独自の検索エンジンに代えて Google の検索エンジンを使うことになるという出来事がありました。そこで，今回は Google 検索の復習と同時により検索に役に立つ技を中心に紹介していきたいと思います。インターネットが世の中にはなくてはならないものとなった現在，Google や英辞郎などインターネット上にあるデータをコーパスとして有効に活用する技を知っておくことは，英語の学習者だけでなく英語を仕事で使う立場にある人にも，学生・社会人を問わずとても大事なことだと思います。ぜひこの技を覚えておいて，適切な英語表現の検索に役立てていただければと思います。

　第 1 章第 1 節では，アステリスクを使うという技は知っていても，なかなか求める答えが見つからないとか，英文を書いていて Google でチェックしても例が見つからないときに，自信のない部分をアステリスクにして動詞や前置詞などの語を見つけるためのものですが，従来の Google 検索の本と違い，もう少し複雑な英文を検索する技を紹介します。これを使えば，これまで見つけられなかった語が見つかるようになります。第 1 章第 2 節〜第 5 節で紹介するのは，複数の選択肢がある場合にどれが適当なのかを見つけるための便利なもので，従来の本では件数比較す

るように言われてきていますが，件数比較はサイト内検索をしないと必ずしも正しい結果がでないことがあるという欠点があります。しかし，この技を使えばサイト内検索も数回の件数比較もすることなく，1回の検索だけで適切な語句を見つけることができるという利点があります。今回は特にこの選択の技に重点をおいて紹介していますので，ぜひ参考にしてください。

　第2章第1節，第2節では，アルクの英辞郎（英和・和英辞典）のより上手な使い方についての技を詳しく紹介します。英辞郎には固有のルールがあり，一部紹介されていますが，引きこなすにはそれだけではまったく十分ではありません。そのルールをGoogleの場合と同じく技として紹介します。これを覚えておくと求める例がより見つかるようになりますし，辞典ですので，その日本語訳を知ることもできるという利点もあります。第2章第3節では，アメリカ英語コーパスCOCAを使用する場合のルールについても紹介します。Googleの場合と違ってCOCAコーパスの例は常に残っているのでいつでも例が確認できるとか，品詞を指定して検索できるなどの特徴もあります。無料のサイトなので，使い方を覚えておくと便利です。英辞郎でも見つかりにくい場合は，COCAコーパスを使って調べるようにすると便利です。イギリス英語コーパスBNCも同じサイトにあり，同じように使うことができます。

　第3章では，これまであまりふれられてこなかったExcite，Yahoo，Googleの翻訳サイトの特徴と使い方を紹介します。無料の翻訳サイトはどれも同じであると思いがちですが，決して同じではありません。その特徴を例示して説明しましたので，利用

する際には参考にしていただければと思います。

　最後になりましたが，本書を書く手がかりを与えてくれた大阪市立大学と近畿大学の学生，英語語法文法学会の会員のみなさん，原稿を見ていただいた友人の中邉俊明先生（大分大学），出版・編集のお世話になった開拓社の川田賢氏に感謝します。

　なお，Google のデータはインターネット上の情報ですので，日々変化していますし，COCA コーパスはデータが増え続けています。英辞郎のデータも改訂される可能性があります。あくまでも筆者が検索した 2013 年 9 月から 20014 年 2 月までのある日のデータであることを御了解ください。また，Google ではアステリスクを用いた検索を連続させると拒否されることがよくあります。そういう時は Yahoo をお使いください。ただし，結果は少しだけ違うようです。また，本書であげた Web サイトは，

　　http://www.geocities.jp/tkinugasa/

にまとめていますのでお使いください。

　2014 年　春

　　　　　　　　　　　　　　　　　　　　　　　衣笠　忠司

目　　次

はしがき　*v*

第 1 章　Google 検索の技 ………………………………… *1*
　1.1.　アステリスクを用いて調べる　*3*
　　1.1.1.　動詞を調べる　*7*
　　1.1.2.　動詞以外を調べる　*18*
　1.2.　OR 検索を使う技──語と語の OR 検索──　*26*
　　1.2.1.　動詞・助動詞の検索　*26*
　　1.2.2.　動詞以外の検索　*35*
　1.3.　OR 検索を使う技──節と節の OR 検索──　*43*
　　1.3.1.　動詞の検索　*43*
　　1.3.2.　動詞以外の検索　*52*
　1.4.　OR 検索を使う技──節の選択と語の選択の組み合わせ──
　　　　61
　　1.4.1.　動詞の検索　*61*
　　1.4.2.　動詞以外の検索　*66*
　1.5.　OR 検索を使う技──形容詞の語順を調べる──　*69*

第 2 章　アルクの英辞郎・COCA の使い方 ………………… *77*
　2.1.　英辞郎で OR 検索を使う技　*83*
　　2.1.1.　動詞・助動詞の検索（1）　*83*
　　2.1.2.　動詞・助動詞の検索（2）　*96*
　　2.1.3.　動詞以外の検索（1）　*103*

2.1.4. 動詞以外の検索（2）　*112*
 2.2.　英辞郎で空所の語を調べる　*119*
  2.2.1. 動詞以外を調べる　*119*
  2.2.2. 動詞を調べる　*126*
 2.3.　COCA コーパスの利用　*134*
  2.3.1. 形容詞・副詞・動詞・前置詞などの検索　*136*
  2.3.2. OR 検索　*143*

第 3 章　翻訳サイトの利用 …………………………………… *151*
 3.1.　英文和訳　*152*
 3.2.　和文英訳　*169*

 参考文献 ………………………………………… *179*
 索　　引 ………………………………………… *181*

第 1 章

Google 検索の技

Googleを用いたネット検索では例が豊富ですが，Google上にその時点で存在するデータを検索するだけなので，どんな例でもあるわけではありませんし，検索するとどんなことでも見つかるわけではありません。だからこそ，より見つかりやすいように語数と内容を絞って検索するのが基本です。以下に紹介する技に従って以下の練習をしてみてください。だいたいどうすればよいかの見当がつくようになります。

　ただ，本題に入る前にサイト内検索について少し述べておきたいと思います。英文をGoogle検索する際にはサイト内検索をすべきだということがGoogle検索の本にあまり書かれていません。しかし，正しい英文かどうかを知るためにはこのことはぜひ覚えておくべきだと思われます。たとえば，"I wanted read a book"というreadの前にtoのない非文法的な文をGoogleで検索してみます。すると，2014年1月現在約32,500件もの数になりました。これは推定件数ですが，それだけをみると，間違った英文でも件数が多いので正しいと判断してしまいます。しかし，site:eduを加えてサイト内検索をすると0件でした。また，"Man cannot live without water"と"A man cannot live without water"では前者が正しいはずですが，サイト内検索をしない場合は，前者が約92,800件で後者が約164,000件と間違っている後者のほうが推定件数は多くなりました。しかし，サイト内検索をすると，前者が7件で後者が0件となりました。このようにサイト内検索をすると例が少なくなりますが，間違った英文

を排除するためには必要であると思われます。反対に，OR 検索を用いる場合には実例をみていくことから，サイト内検索は通例不要になります。この OR 検索術を詳しく説明します。

検索の際のベースとなる技が技 A です。

(基本) 技 A

① 前後それぞれ 2 語から 5 語くらいで検索する。特に求めている語と直接関連しない名詞（目的語）・修飾語を省くようにする。

② アステリスクを用いた検索や件数比較をする場合には edu（あるいは uk）のサイト内検索をする。ただし，edu ではアメリカの大学が主ですが，アメリカ以外の大学も含まれることがあることに注意が必要。uk はイギリスを示す（衣笠（2010: 31）参照）。あるいはサイト内検索の代わりに（現在は右上欄にある）「検索オプション」を開いて地域を「アメリカ合衆国」にしてもよい。

③ 選択肢がある場合の OR 検索ではサイト内検索はしなくてよい。

1.1. アステリスクを用いて調べる

英語は主語 S ＋動詞 V ＋目的語 O（＋目的語 O または補語 C）あるいは主語 S ＋動詞 V（＋補語 C）というパターンが一般的です。したがって，動詞部分をアステリスクにして検索する場合には，先行する主語 S とアステリスクに後続する語句で，また，

動詞以外の検索では動詞以下の語句 V とアステリスクに後続(時に先行)する語ではさんでやる必要があります。これが(はさむ)技 B です。文脈上最低限残しておくべき語句を残すのが(残し)技 C で,逆に,余計な修飾語などは省くのが(省く)技 D になります。こういうことを心得ておいて,(基本)技 A をもとに検索します。絶対というものではありませんが,どのように語を取捨選択するのかは,ある程度きまりがあります。それをここで紹介します。英和辞典や和英辞典では紙幅の都合で十分な例を載せられませんが,Google は手軽に多くの例を提供してくれるため,検索するにはもってこいといえます。

ただし,技 B‒技 D はまずは見ないで (1) からの例をみていってください。おおまかなコツがわかります。

(はさむ) 技 B

① アステリスクが動詞部分の場合: 主語(＋助動詞＋助動詞 have ＋助動詞 be [be 動詞]),(to 不定詞の) to,あるいは(命令文では)please(please を付加してもよい)または don't を S とする。

② アステリスクが動詞以外の部分の場合: 主語 S は省いて,動詞以下を V とする。ただし,疑問詞と関係する場合や文頭を検索する場合は主語(＋助動詞)＋動詞＋語句を V とする。人が主語の受身文でも主語を省き,V(be 動詞)からでよい。また名詞句内の検索では,冠詞・所有格・指示詞・数量詞を N とする。

③ アステリスク・OR 検索・選択肢直後の部分の場合:

目的語 O（あるいは O+O），補語 C，前置詞句 P ①，to 不定詞，原形不定詞，doing 形（動名詞・現在分詞），過去分詞，修飾語 M のうち通例一つか二つを選ぶ。ただし，形容詞の場合は名詞，前置詞句，to 不定詞，接続詞などから選ぶ。

（残し）技 C

① 主語を残す場合は，冠詞・所有格・指示詞などは省き，名詞のみ残す。It is+形容詞・名詞の構文では，it is はそのまま残す。

② 決まり文句や熟語などを含め，意味的に関係する語句や節は Q として残すが，節内は主語と動詞のみ残す。not, never など否定を示す語も Q として残す。検索した場合に，候補が複数ある場合は，意味を限定するためにさらに目的語や修飾語などを Q として残す。

③ 人を示す主語（人主語）の名詞句・固有名詞は代名詞 I（あるいは he|she）に，所有格・目的語では my|his|her, me|him|her あるいは their, them などにする。人でない主語の名詞句は it に，目的語では数に応じて it, them に，冠詞（the, a）+名詞では名詞を省いて冠詞（the, a）のみに，that 節，wh 句や wh 節では先頭の that, what などの語のみにしてもよい。

④ 数字がある場合はアステリスクにせず，いくつかの数字を並べてみる。

（省く）技 D　検索に不要な部分はさらに省いてみる。

① アステリスク・OR 検索直後以外の目的語は省く：to 不定詞，原形不定詞，doing 形（動名詞・現在分詞），過去分詞を含め動詞の目的語以下の語句は省く。ただし，例がない場合，to 不定詞は動詞を省き to だけにしてもよい。
② 名詞，形容詞・動詞の修飾語は省く。前置詞句の後の前置詞句は省く。
③ 検索に関係しない節や句の部分はまるごと省く。
④ 前置詞句 P ①以外の前置詞句では，目的語の名詞は省く。例がない場合には，前置詞句 P ①の目的語も名詞を省く。
⑤ 人主語 + be 動詞 + 現在分詞では，主語 + be 動詞は省いて，現在分詞から検索する。

(OR 検索の) 技 O

① 1 語同志の選択では a|b|c あるいは (a OR b OR c) の形で検索する。(| はパイプといい，OR 検索に用います (衣笠 (2010: 61-67)))。
② 節と節あるいは句と句を OR 検索する。
③ 定型表現と関係するのは通例動詞を中心とするので，主語と (have, be 以外の) 助動詞は省き，(助動詞 have, be +) 動詞以下を V として検索する。ただし，主語が定型表現と関係する場合，助動詞や疑問詞と関係する場合は主語を入れる。なお，定型表現とは (熟語も含め) 動詞や名詞などの語がかたまりを成す部分を指す (八木

(2013: 6-8) 参照)。

④ 動詞の活用形の選択の場合は、選択肢の後は名詞句・前置詞・接続詞 that・to 不定詞などを後置させるが、後置する語句がない場合はなくてよい。また、定型表現と関係する場合、動名詞・to 不定詞・原形不定詞などからの選択の場合は、目的語・前置詞・接続詞 that・to 不定詞などを後置させるが、省いてもよい。定型表現での副詞の選択では後置する語句はなくてもよい。

⑤ 名詞句内の検索では、名詞・冠詞・所有格・指示詞・数量詞を N とし、前置詞句内の検索では前置詞＋名詞句を P とし、OR 検索直後の部分は B ③または O ④に従う。

　以上は目安としての技であり、抜けている部分もあると思います。OR 検索の技は、O ①を除けば、第 2 節から第 5 節で扱う技になります。

　なお、以下の説明文中の（＿＿）は検索による主な候補を示します。また、以下では、技 A ①という場合、技は省いて A ①とのみしています。

　基本的に検索結果は最初の 10 例をみるだけでよいでしょう。

1.1.1. 動詞を調べる

　アステリスクを用いる場合、A ①を考え、前後の語が長すぎないようにしてアステリスクをはさむことを心がけます。いずれにしても、アステリスクの後はふつう 2 語から 5 語くらいにし、

修飾語は省くこと，文脈上必要な要素は加えてみることを考えます。

(1) I (　　) breakfast this morning.
　　（私は今朝朝食を ... た）
(2) "I * breakfast this morning"　site:edu

(1) では B ①③により，アステリスク（動詞）部分を S（主語 I）と O（目的語 breakfast）とではさみます。この際，文や語句を" "（ダブルクォート／ダブルクォーテイション）［以下引用符とする］で囲みます。これによって語順が固定されるからです。また，過去形の動詞を探したいので this morning を Q として残し，例文の信頼性を高めるために A ②によりサイト内検索を用い，(2) で検索します。紙の辞典では this morning まである例があまりありませんが，Google 検索では容易に見つかります。日本語では「食べた」が英語は ate とは限らないことや，「skipped（抜いた）」の例もあることがわかります (had, ate, skipped)。自分の意図に合った語を選択します。また，主語が Tom のような固有名詞であるときは，選択肢を増やすために C ③により Tom を代名詞 he|she に変えますが，例が少ない場合には，さらに主語を代名詞 I に変えて検索します。

(3) I (　　) New York last year.
　　（私は昨年ニューヨークを ... た）
(4) "I * New York last year"　site:edu

(3) でも S（主語 I）と O（目的語 New York）ではさみ，A ②に

よりサイト内検索もします。D②により last year は省いてもいいのですが，省いて検索すると，最初の 10 例には love, left しかありません。これが求めている語でない場合には，C②により last year も文脈上必要な要素 Q として入れ，(4) で検索します。衣笠（2010: 49）でも述べたように，アスタリスクが一つでも，検出されるのはよく使われる語句が優先表示されるために，was in のように 2 語の場合もあります（<u>visited</u>, <u>left</u>）。

(5) You will (　　) an entrance exam soon.
　　（君はもうすぐ入試を ... る）
(6) a. "you will * an entrance exam"　site:edu
　　b. "you will * an entrance exam"　site:uk

(5) の場合でも，B①③により，S（主語＋助動詞）と O（目的語 an entrance exam）ではさみます。D②により soon は省きます。A②により，まずサイト内検索を用いて (6a) で検索します。(6a) では，最初の 10 例のうち動詞 1 語の例としては take が 6 例，pass が 1 例ありました（<u>take</u>）。しかし，(6b) では sit が 5 例，take が 3 例となり，イギリスでは sit もあることがわかります。この場合，助動詞があるので，主語がなくてもいいように思えますが，主語が人間であることなどが重要ですので，省かないようにします。実際，主語を省いて，助動詞だけにすると，be, host, require など求めていない動詞が検出されました。

(7) I (　　) a diary every day.
　　（私は毎日日記を ... ています）

(8) a. "I * a diary every day" site:edu
    b. "I * a diary every day" site:uk

(7) の場合でも，B①③により，S（主語）とO（目的語 a diary）ではさみます。(3) の場合と同じように every day は残して検索します。(8a) では，kept 3 例，write in 1 例，write 1 例だけでした。こういう場合は (8b) のようにサイト内検索を site:uk でもしてみます。wrote 2 例，have written 2 例，kept 3 例，keep 2 例，am keeping 1 例でしたので keep だけでなく write も使うことがわかります。

(9) Your contribution can (　　) a major difference in the life of our students.
   （あなたの寄付はわが校の学生の人生に大きな違いを ... ことができます）

(10) a. "contribution can * a difference in the" site:edu
    b. "it can * a difference in the" site:edu

(9) については，C①により your を省き，D②により修飾語 major と二つ目の前置詞句を，D④により前置詞句の目的語の名詞を省き，S (contribution can) と O (a difference) ＋P (in the) ではさみ，(10a) で検索します (make)。例がない場合は，C③により it を主語にし，(10b) で検索します。

(11) The prime minister (　　) a statement on the matter.
   （首相はその問題について声明を ...）

(12) a. "minister * a statement on the" site:edu

b.　"minister made|issued|gave a statement on the"
　　　(="minister (made OR issued OR gave) a statement on the")
　c.　"minister * a statement on the"　site:uk

(11) では，C①により the prime を省き，D④により前置詞句の名詞を省き，S (minister) と O (a statement) +P (on the) ではさみ，(12a) で検索します (<u>made</u>, <u>make(s)</u>, <u>issued</u>, <u>gave</u>)。候補が複数ある場合，O①により，出てきた候補をアスタリスクの部分に入れ，(12b) のように | (パイプ) を用いて OR 検索します。A③によりサイト内検索は不要です。最初の 10 例のうち made が 6 例, issued が 3 例, gave が 1 例でした。意味を確認したい場合は英辞郎で検索します。アメリカには首相や大臣がいないことに気づいたら，サイト内検索を site:uk にし，(12c) で検索します (<u>made</u>, <u>makes</u>)。

(13)　Would you (　　) me with my work?
　　　（私の仕事を ... てくれますか）
(14)　"you * me with my"　site:edu

(13) では，D④により O の後の前置詞句の名詞 work を省き，疑問文は would you 以外の場合もあるので S は you のみにし，S (you) と O (me) +P (with my) ではさみ，(14) で検索します (<u>help</u>, <u>assist</u>)。アスタリスク部分が 1 語の例が候補です。

(15)　Please (　　) my apology for any inconvenience.
　　　（ご不便をおかけしていることに対する謝罪を ... ください）

(16) "please * my apology for any"

(15) では，主語がないので，B①③によりS (please) とO (my apology) にし，D④によりOの後の前置詞句は名詞 inconvenience を省き，(16) で検索します (accept)。

(17) Please (　　) me the way to the bank.
　　　（銀行に行く道を … てください）
(18) a. "please * me the way to the" site:edu
　　 b. "please show|tell|guide|teach me the way to the"

(17) でも，主語がないので，B①③により，S (please) とO (me) O (the way) ではさみます。D④によりOの後の前置詞句の名詞 bank を省き，(18a) で検索します (show, tell, guide, teach)。候補が複数ある場合，O①により，出てきた候補をアステリスクの部分に入れ，(18b) のようにOR検索します。A③によりサイト内検索は不要です。アステリスクを用いないのでより適切な答えが期待できます (show, tell)。ただし，これら二つの動詞のニュアンスの違いは，Google 上では「show tell 違い」などで検索してネットでの解答を探すか，英和辞典・文法書などで調べます。tell は言葉のみによる説明で，show は実際に案内することを示すという違いがあるといわれます。

(19) The government was (　　) under considerable pressure from the World Bank.
　　　（政府は世界銀行から相当な圧力を … た）

(20) a. "government was * under considerable pressure"

site:edu

b. "government was * under pressure"　site:edu

　(19) では，C①により the を省き，S (government was) にし，前置詞句とではさみ，(20a) で検索します。D②により二つ目の前置詞句 from the World Bank は省きます (put)。例がない場合には，D②によりさらに修飾語 considerable も省いて (20b) で検索します (put, coming)。

(21)　Donations may be (　　) in the form of cash or securities.
　　　（寄付は現金または有価証券の形で ... でもかまいません）
(22)　"donations may be * in the form"　site:edu

　(21) でも，S は主語・助動詞・be 動詞で，前置詞句 (in the form) ではさみ，(22) で検索します。D②により of 以下は二つ目の前置詞句になるので省きます (made)。

(23)　What (　　) to the dinosaurs?
　　　（何が恐竜に ... か）
(24) a. "What * to the dinosaurs"　site:edu
　　 b. "What * to them"　site:edu
　　 c. "What * to the"　site:edu

　(23) については，B①③により，アスタリスクを S (what) と前置詞句ではさみ，(24a) で検索します。結果がでないときは，C③により the dinosaurs を代名詞 them にして，(24b) で

検索するか，D④により前置詞句の目的語を省き，(24c) で検索します (happens, happened)。

(25) Would you (　　) if I borrowed that for a while?
　　　（しばらくの間それを借りると ... ですか）
(26) "you * if I borrowed"　site:edu

(25) では，アステリスクを S (you) と Q (if 節) ではさみます。C②により，文脈上必要な Q として if 節を残しますが，C②D①により OR 検索に関係しない動詞の目的語以下の語句は省き，(26) で検索します (mind)。

(27) I can't (　　) to buy a new car.
　　　（私は新車を買う ... がありません）
(28) "I can't * to buy"　site:edu

(27) でも，B①③により S (主語＋助動詞) と to 不定詞ではさみ，(28) で検索します。D①により buy の目的語は省きます (afford)。

(29) If you have a question, (　　) your hand.
　　　（質問があれば，手を ... ください）
(30) a. "please * your hand"　site:edu
　　 b. "* your hand if you have"　site:edu

(29) では，(　) の場所が，命令文の動詞がくる場所だとわかれば，B①③により please を S として付加し，O (目的語 your hand) とではさみ，D③により if 節を削除して (30a) で検索し

ます (raise)。あるいは，C②により，文脈上必要な Q として if 節を残す場合は，C② D ①により have の目的語は省きますが，そこをアスタリスクにしないために if 節を後置し，(30b) で検索します。(30b) に please を入れてもよいですが，なくても問題ありません (→ 1.1.2 (35))。

(31)　I (　　) a week living by a lake.
　　　(私は 1 週間湖のそばで生活して ...)
(32)　"I * a week living"　site:edu

(31) では，B ①③により S (I) と O (目的語 a week) + 現在分詞 living を残してはさみ，(32) で検索します。D ②により動詞を修飾している前置詞句は省きます (spent)。

(33)　We need to (　　) immediate action to cut expenses.
　　　(私たちは経費を減らすための行動を直ちに ... る必要がある)
(34) a.　"to * immediate action to cut"　site:edu
　　 b.　"to * immediate action to"　site:edu

(33) では，B ①③により主語の代わりに S (to) とし，目的語 O とではさみます。目的語の後の to 不定詞は D ①により目的語を省き，(34a) で検索します (take)。例がない場合は，D ①により to 不定詞の動詞 cut を省き，(34b) で検索します。

(35)　Be careful not to (　　) careless mistakes.
　　　(不注意な間違いを ... ないように注意してください)
(36) a.　"not to * mistakes"　site:edu

    b. "not to * careless mistakes" site:edu
    c. "be careful not to * careless mistakes" site:edu

(35) では，C ②により not は必要な要素 Q として残し，D ②により careless は省き，B ①③により S (to) と目的語 O とではさみ，(36a) で検索します (make, avoid, admit)。答えとなる候補が多いので，C ②により careless も必要な要素 Q としていれ，(36b) で検索します (make)。さらに，be careful も Q と考え，(36c) で検索してみてもいいでしょう。

(37) She was the one who (　　) her best to convince him to live.
（彼女が彼に生きるように説得するために最善を … た人でした）

(38) a. "who * her best to convince" site:edu
    b. "who * her best to" site:edu
    c. "who tried|did her best to convince"

(37) では，関係代名詞 who を S とし，O (her best) + to 不定詞ではさみ，D ①により to 不定詞の目的語以下を省き (38a) で検索すると，2 例しかありませんでした (tried, does)。こういう場合は D ①により to 不定詞の動詞を省き，(38b) で検索します。最初の 10 例中 did, does が 7 例，tried, tries が 3 例でした。さらに確認したい場合は，文脈が過去形なので過去形のみを用い，(38c) のように OR 検索してもいいでしょう。A ③によりサイト内検索は不要です。最初の 10 例中 did が 9 例，tried が 1 例でした。

(39) Mary's bad manners (　　) me very annoyed.
　　（メアリーの不作法がわたしをとても迷惑...）
(40) a. "manners * me annoyed"　site:edu
　　b. "it * me annoyed"　site:edu

(39) では，C①により Mary's bad を省き S (manners) と O (me) ＋補語 C とではさみ，(40a) で検索します。補語 C は D②により修飾語 very を省いた形容詞 annoyed になります。(40a) では「一致はありません」と出ました。つまり 0 件でした。こういう場合，C③により主語を代名詞 it にして (40b) で検索します。主語は複数なので they にしたいところですが，they は人をも示すので，はっきりと物か事を示す it のほうが適当です。ただし，主語が it なので make でなく makes となることに注意が必要です (<u>made</u>, <u>make(s)</u>)。

(41) The noise (　　) it difficult to sleep at night.
　　（雑音は夜眠ることを困難に...）
(42) a. "noise * it difficult"　site:edu
　　b. "it * it difficult"　site:edu

(41) では，C①により the を省き，S (noise) と O (it) ＋C (difficult) ではさみ，(42a) で検索します (<u>makes</u>, <u>made</u>)。例がない場合は，C③により，主語を代名詞 it にした (42b) を考えます。

いずれにしてもこれらの技は目安であり，アステリスク前後の語をいかにしぼって残すかということになります。

1.1.2. 動詞以外を調べる

動詞以外では，B②により，主語を省き，V（動詞＋語句）と，B③により目的語 O や前置詞句 P などではさんで検索します。

(1) You should take （　　） your shoes.
  （あなたは靴を...べきです）
(2) "take * your shoes" site:edu

(1) では，V (take) と O (your shoes) ではさみ，(2) で検索します (<u>off</u>)。A ②によりサイト内検索もします。

(3) Be sure to put （　　） the light before you leave.
  （出ていく前に必ず明かりを...しなさい）
(4) a. "put * the light" site:edu
  b. "put * the light before you leave" site:edu
  c. "put out|on|in|up the light before you leave"
  d. "put * the light before you leave"「アメリカ合衆国」

(3) では，D ③により be sure to は検索に関係ない部分なので省き，V (put) と O (the light) ではさみ，(4a) で検索します (<u>out, on, in, up</u>)。A ②によりサイト内検索もします。答えの候補が多いので，C ②により文脈上必要な要素 Q として before 節を加え，(4b) で検索しますが，例はありませんでした。こういう場合は，O ①により候補の語句をアステリスクの部分に入れ，(4c) のように OR 検索します。A ③によりサイト内検索は不要です。最初の 10 例のうち全部が out の例でした (<u>out</u>)。あるいは site:edu に代えて，検索オプションを開き地域を「アメリカ合衆

国」にして（4d）で検索します（out）。

(5) It is very (　　) of you to say so.
　　（そういってくれて，とても ... です）
(6) a. "it is very * of you to say"　site:edu
　　b. "it is very * of you to say so"　site:edu

(5)では，C①により主語 it は残し，V（it is very）と，前置詞句 P＋to 不定詞ではさみ，(6a) で検索します。kind, ungrateful という意味が相反する語が見つかりました。そこで，C②により so も Q として足して (6b) で検索します（kind）。例が少ない場合は D②により very を省いて検索します。

(7) She was standing there (　　) tears in her eyes.
　　（彼女は目に涙を ... てそこに立っていました）
(8) "standing * tears in my|his|her"　site:edu

(7)では，D②により there を省略し，D⑤により V を standing とし，O（tears）＋P（in my|his|her）ではさみ，(8) で検索します（with）。代名詞 her は例を増やすために，C③により my|his|her にし，D④により前置詞句の名詞 eyes を省きます。

(9) Andy will see you (　　) at the airport.
　　（アンディーが空港であなたを見 ... でしょう）
(10) "see you * at the airport"　site:edu

(9)では，V（see you）と P（at the airport）とではさみ，(10)で検索します（off, all）。例がない場合には，D④により前置詞

句の名詞 airport を省いて検索します。

(11) I ran the (　　) of losing everything.
　　　（私はすべてを失う ... があった）
(12) a.　"ran the * of losing"　site:edu
　　　b.　"ran the risk|danger|hazard of losing"

(11) では，V (ran the) と前置詞句 (of + losing) ではさみ，(12a) で検索します。D ①により losing の目的語は省きます。すると，(12a) ではいくつか候補が検出されました (risk, danger, hazard)。そこで，O ①により，出てきた候補をアスタリスクの部分に入れ，(12b) のように OR 検索します。A ③によりサイト内検索は不要です (risk)。

(13) They go to school (　　) bus.
　　　（彼らはバス ... 学校へ行きます）
(14) a.　"go to school * bus"　site:edu
　　　b.　"go * bus"　site:edu

(13) では，V (go to school) と O (bus) ではさみ，(14a) で検索するか，D ②により，to school を省き，V (go) と O (bus) ではさみ，(14b) で検索します (by)。

(15) Mr. Smith will be back (　　) five minutes.
　　　（スミス氏は 5 分 ... 戻るでしょう）
(16) a.　"be back * five minutes"　site:edu
　　　b.　"be back * two|three|ten minutes"　site:edu

(15) の場合も，V (be back) と five minutes とではさみ，(16a) で検索します (in)。もし例がない場合は，C④によりありそうな数字を並べて (16b) で検索します。

(17)　Ben bought a (　　) of pants at the store.
　　　（ベンはその店でズボンを … 買った）
(18) a.　"a * of pants"　site:edu
　　 b.　"bought a * of pants"　site:edu

(17) では，名詞句内の検索とし，B②B③によりN（冠詞 a）とP (of pants) ではさみ，(18a) で検索するか，動詞からの検索とし，V (bought a) とP (of pants) ではさみ，(18b) で検索します。D②により at the store は省略します (pair)。

(19)　You need to find the key (　　) the front door.
　　　（正面玄関 … 鍵を見つける必要があります）
(20) a.　"find the key * the door"　site:edu
　　 b.　"find the key * the door" -to　site:edu
　　 c.　"find the key * the door" -"to the door"　site:edu

(19) では，V (find the key) とO (the door) とではさみ，(20a) で検索します。D②により front を省きます (to, for)。たとえば，to 以外の例を探そうとして，(20b) のように半角のマイナス (-) を使ったマイナス検索をしたとします。すると検索結果は 0 件になりました。これは to the door 以外の例がないというのではなく，アスタリスクの箇所を含め，その Web サイト全体の中に to が必ずあったため，その結果 0 件になっています。こ

れを防ぐには，たとえば (20c) のようにする必要があり，マイナス検索には注意が必要です。また，この場合 "the key * the door" の部分だけで Google 検索するのは不適当です。というのも，動詞が put の場合には in のほうが適切になることからわかるように動詞との関連性があるためです。

(21) I know the man (　　) is standing near the gate.
（私は門の近くに立っている ... 人を知っています）
(22) "know the man * is standing"　site:edu

(21) では，二つの節がからんでいる場合なので，B②C②により，V (know the man) と Q (is standing) とではさみ，(22) で検索します (who)。D②により前置詞句は省きます。

(23) It is five years (　　) I saw you last.
（あなたとこの前会って ... 5 年たちました）
(24) "it is five|three|four years * I saw"　site:edu

(23) では，C①②により，主語 it はそのまま残し，V (it is five years) と Q (I saw) ではさみます。D①により目的語以下は省きます。また，C④により，数量詞 five があるので，OR 検索を用い，数字をいくつか加えて (24) で検索します (since)。

(25) It is (　　) to you to decide where to go.
（どこへ行くのか決めるのはあなた ...）
(26) "it is * to you to decide"　site:edu

(25) でも，C①により主語 it はそのまま残し，V (it is) と to

不定詞ではさみ，(26) で検索します。D ①により decide の目的語以下は省きます (up)。

(27) My son had a (　　) fever this morning.
　　　(息子は今朝 ... 熱があった)
(28) "had a * fever"　site:edu

(27) では，V (had a) と名詞 (fever) ではさみ，(28) で検索します (high, low-grade, slight)。B ③により，形容詞は名詞句を構成するために名詞のみではさみます。形容詞は種類が多いので，意味は英辞郎 (→ 2.2.1 (27)) で，頻度は COCA コーパスで確認する (→ 2.3.1 (1)) と便利です。

(29) Jane was seriously (　　) in the car crash.
　　　(ジェーンは自動車事故で重 ... です)
(30) "was seriously * in the crash"　site:edu

(29) では，V (was) と前置詞句ではさみますが，D ②により car を省き，(30) で検索します。C ②により seriously は意味的に重要な Q として省きません。(30) をサイト内検索しないで検索すると，事故でなく戦闘で用いられる wounded も検索されてしまいました。こうしたことからも，アステリスクを使う検索では，サイト内検索は重要です (injured, hurt)。

(31) I had my picture (　　) with Alan.
　　　(私はアランと写真を ... した)
(32) a. "had my picture * with him|her"　site:edu

b. "had my picture * with" site:edu

(31) では，B ②③により，V（had my picture）と，前置詞句ではさみ，(32a) で検索します。Alan は固有名詞なので C ③により，代名詞 him|her にします（taken）。例がない場合には D ④により，with の目的語は省き，(32b) で検索します（(29)，(31) の検索結果は過去分詞（動詞）ですが，すでに主語に後続する位置に was あるいは動詞 had があるので，この節では動詞以外として扱っています）。

(33) Ben broke (　　) in a rash after eating some peanuts.
　　（ベンはピーナッツを食べたら吹き出物ができた）
(34) "broke * in a rash" site:edu

(33) では，V（broke）と前置詞句ではさみ，(34) で検索します。D ③により after 句は省きます（out）。

(35) (　　) on your promotion to the Premier League.
　　（プレミアリーグへの昇格 ...）
(36) a. "* on your promotion"
　　b. "on your promotion"

(35) は左右を語にはさまれない例ですが，D ②により二つ目の前置詞句は省き，B ③により on 句のみを残して，(36a) で検索します。(36b) の場合と比べて，* の部分が太字になるだけですが，それでも少しわかりやすいという利点があります。ただ，いろんなものが太字になるので，実際に例をみて，どの語が適切

かを探す必要はあります（Congratulations）。

　左右を語にはさまれないのは，疑問詞の場合にもあてはまります。疑問詞は単文の場合，文の先頭にくるからです。

(37) （　　）do you like your coffee?
　　　（コーヒーは ... お好みですか）
(38) a. "* do you like"　site:edu
　　 b. "* do you like your coffee"　site:edu

　(37) の場合も（　）が文頭にあるので，D①により，アスタリスク直後にない動詞 like の目的語は省き，(38a) で検索すると，how, what, why, where, which などが出てきます。そこで，意味を限定するために，C②により Q として動詞の目的語を入れ，(38b) で検索します（How）。

(39) How（　　）can I keep this book?
　　　（私はどれくらい ... この本を借りることができますか）
(40) "how * can I keep"　site:edu

　(39) でも，疑問詞と関係するため，B②C②により，主語・助動詞は省略せず，how が必要な文脈 Q で，V (can I keep) とではさみ，(40) で検索します。D①により，アスタリスク直後にない keep の目的語は省きます（long）。

(41) Make（　　）you take the bus early enough to arrive on campus.
　　　（間に合ってキャンパスに到着できるように ... 早い目のバスに

乗る ...)

(42) "make * you take" site:edu

(41) では，V（make）と Q（主語+動詞）ではさみ，(42) で検索します。C②D①により主語+動詞を Q とし，目的語以下を省略しますが，接続詞がないので構文を維持するためにも動詞 take は不可欠です（sure）。

1.2. OR 検索を使う技──語と語の OR 検索──

本書の目玉といえる技が第2節から第5節の技で，特に O①O②です。第1節で紹介した技が基本ですが，OR 検索独自の技もあります。

1.2.1. 動詞・助動詞の検索

(OR 検索の) 技 O

① 1語同志の選択では a|b|c あるいは（a OR b OR c）の形で検索する。
② 節と節あるいは句と句を OR 検索する。
③ 定型表現と関係するのは通例動詞を中心とするので，主語と（have, be 以外の）助動詞は省き，（助動詞 have, be +）動詞以下を V として検索する。ただし，主語が定型表現と関係する場合，助動詞や疑問詞と関係する場合は主語を入れる。なお，定型表現とは（熟語も含め）動詞や名詞などの語がかたまりを成す部分を指す（八木

(2013: 6-8) 参照）。

④　動詞の活用形の選択の場合は，選択肢の後は名詞句・前置詞・接続詞 that・to 不定詞などを後置させるが，後置する語句がない場合はなくてよい。また，定型表現と関係する場合，動名詞・to 不定詞・原形不定詞などからの選択の場合は，目的語・前置詞・接続詞 that・to 不定詞などを後置させるが，省いてもよい。定型表現での副詞の選択では後置する語句はなくてもよい。

⑤　名詞句内の検索では，名詞・冠詞・所有格・指示詞・数量詞を N とし，前置詞句内の検索では前置詞＋名詞句を P とし，OR 検索直後の部分は B ③または O ④に従う。

　選択肢がある場合に用いるべき技が技 O ①②です。これまで，複数の選択肢がある場合には，件数比較をするように勧め，画面左上に現れる推定件数を見ればよいと言う文献がほとんどです。しかし，この推定件数は必ずしも信頼できないことは，衣笠 (2010: 73-74) で指摘しています。この技 O ①②の利点は，よく使われ見られている語句の例が前のほうにくるはずですし，実例をみていくので，サイト内検索も件数比較もしなくても，適切な語を 1 回の検索で見つけられるということがあります。

(1)　You will (　　) an entrance exam soon.
(2)　a.　"you will * an entrance exam"
　　　b.　"you will have|receive|do|take an entrance exam"
　　　　　(="you will (have OR receive OR do OR take)

an entrance exam")
  c. "have|receive|do|take an entrance exam"

　(1) の ( ) に入る適切な動詞を見つけるためには，A ②によりサイト内検索をするべきと 1.1.1 節の (5) で述べました。では，サイト内検索をしない場合はどうすべきでしょうか。(2a) で検索してみると，候補の動詞として，have, receive, do, take が見つかりました。このうちどれが一番適切かを見つける手段として，これまでなら件数比較が考えられましたが，この場合に A ③により OR 検索をするというわけです。OR 検索した結果でも，さらに答えが複数あって迷う場合や英米の違いを知りたいという場合に限ってサイト内検索を行います。実際，(2b) で OR 検索してみると，最初の 10 例のうち，take が 9 例で，receive が 1 例でした（receive は英語圏でない国のものでした）(take)。また，O ③により定型表現は動詞と関係するので，主語・助動詞を省き (2c) で検索すると，take が 8 例，have が 2 例となりました。したがって，適切な語を見つけるには，実例をみていくので OR 検索が有効であり，間違いの例がまぎれこむとしても正しい例のほうが多いので，最初の 10 例をみればよいといえます。

 (3) Tom always (makes, keeps, sets) a diary.
   （トムはいつも日記をつけている）
 (4) "makes|keeps|sets a diary"
   (=" (makes OR keeps OR sets) a diary")

(3) では，O③D②により主語，always を省き，動詞以下が定型を成すので (4) で検索します (keeps)。

(5) I'll (go, come, be) there at nine.
   (9時にそこに行っています)
(6) a. "go| come| be there at nine"
   b. "I'll go| come| be there at nine"

(5) の場合，動詞 + there が定型ですが，C②により at nine も必要な要素 Q として残し，(6a) で検索します (be)。I'll も必要な要素と思えば (6b) で検索してもいいでしょう。どうして be になるのかわからない場合は，その意味を，衣笠 (2012: 145) など辞書・文法書で確認します。例がない場合には，C④により nine を別の数字にして検索します。

(7) Have you (taken, done, made) your homework yet?
   (もう宿題はしましたか)
(8) "have taken|done|made your homework"

(7) の場合も，O③D②により，主語と yet は省き，動詞 + 名詞が定型なので (8) で検索します (done)。助動詞 have は残します。

(9) I have never (gone, been, went) to America before.
   (私は今までアメリカに行ったことがない)
(10) a. "have never gone|been|went to America"
   b. "have never gone|been|went to"

(9) の場合も，同じくO③D②により，主語と before は省き，have＋動詞＋to 句が定型ですが，B③により前置詞句 to America を残し，C②により never も意味的に関係するので Q として残し，(10a) で検索します．例がない場合には，D④により前置詞句から America は省き，(10b) で検索します (been)．

(11) Make sure to (get, go, take) all your trash back with you.

（ごみはすべてお持ち帰りください）

(12) a. "get|go|take all your trash back with"
b. "get|go|take your trash back with"

(11) の場合は，O③により主語を省き，D④によりO (trash) の後の前置詞句は OR 検索直後でないので代名詞 you を省き (12a) で検索するか，D②により all も省き (12b) で検索します (take)．

(13) I (applied, took, got) myself to the challenges of building a new house.

（私は新しい家を作るという難題に取り組んだ）

(14) a. "applied|took|got myself to the"
b. "applied|took|got myself to the challenges"

(13) では，applied＋O (myself)＋to 句が定型ですが，D④により前置詞句は名詞を省き，(14a) で検索します．しかし，これでは三つのどの動詞の例もでてきました．こういう場合には意味を考えて適切な語を選ぶか，C②により，Q として chal-

lengesをつけて意味を限定させ，(14b)で検索します (applied)。

(15) Cars (enable, make, let) us to travel long distances.
(車は私たちの長距離移動を可能にします)
(16) "enable|make|let us to travel"

(15) では，O③により主語は省略し，動詞＋人＋to不定詞が定型です。D①により目的語usの後のto不定詞は目的語を省き，(16)で検索します (enable)。

(17) This assignment may be (thrown, put, done) alone.
(この課題は一人でやってもよい)
(18) "assignment may be thrown|put|done alone"

(17) は受身文なので，主語は本来動詞の目的語で，動詞＋assignmentが定型になるため，O③により主語は省かず(18)で検索します。C①により主語はassignmentのみにします (done)。

(19) The water (looks, sees, watches) pretty clear.
(水はかなり透明にみえる)
(20) a. "looks|sees|watches pretty clear"
     b. "looks|sees|watches clear"
     c. "water looks|sees|watches clear"

(19) の場合も，O③により主語は省略し，(20a) とするか，D②により副詞prettyは省いて (20b) で検索します。動詞＋形容詞が定型です。(20a) では問題がありませんが (looks)，(20b) ではlooksだけでなくseesも検出されてしまいます。こ

れは，sees の場合には clear increase など名詞が後続する例があるからです。こういう場合には，C②によりQとして主語を入れて，(20c) で検索するとはっきりします。ただし，C①により主語は名詞 water のみにします。

(21)　I wish I (could, will, would) speak English well.
　　　（英語が上手に喋れたらいいのになあ）
(22)　"I wish I could|will|would speak"

(21) では，I wish は決まり文句なので，C②により I wish は残し，D①により動詞の目的語以下は OR 検索直後でないので省き，(22) で検索します（could）。

(23)　I (must, should, can) have brought my umbrella.
　　　（傘を持ってくる ... でした）
(24)　"I must|should|can have brought"

(23) では，O③により，助動詞の選択の場合なので主語も残し，D①により動詞（過去分詞）の目的語は OR 検索直後でないので省き，(24) で検索します（should）。候補が複数出てきたときは，C②により動詞の目的語をQとして入れて検索します。

(25)　(Can, May) you have a pleasant trip!
　　　（楽しいご旅行になることをお祈りしています）
(26)　a.　"Can|May you have"
　　　b.　"Can|May you have a pleasant trip"

(25) でも，O③により助動詞の選択の場合なので主語を残し

ますが，D①により動詞 have の目的語は OR 検索直後でないので省き，(26a) で検索しますと，どちらの助動詞もでてきます。こういう場合は，C②により動詞の目的語を Q として補い，(26b) で検索します（May）。修飾語 pleasant もここでは意味があるので省きません。

(27) Smoking is (prohibit, prohibited, prohibiting) by law in the library.
(図書館内での喫煙は法律で禁じられています)

(28) "is prohibit|prohibited|prohibiting by"

(27) では，O③により主語は省き，V を is とし，動詞の活用形の選択なので O④により前置詞 by のみではさみ，(28) で検索します（prohibited）。

(29) We often hear it (said, says, saying) that Germans are good workers.
(ドイツ人は働き者ですと言われるのをよく耳にする)

(30) "hear it said|says|saying that"

(29) では，O③ D②により主語と often は省き，V を hear it とし，動詞の活用形の選択なので O④により，接続詞 that だけ残し，(30) で検索します（said）。

(31) I was disappointed with the services (providing, provides, provided) at the hotel.
(そのホテルで提供されたサービスにはがっかりしました)

(32) a. "services providing|provides|provided at"
    b. "with the services providing|provides|provided at"

 (31)では，名詞句内における動詞の活用形の選択として，O④⑤によりN（services）と前置詞atではさみ，(32a)で検索するか，前置詞句内における動詞の活用形の選択として，O④⑤によりP（with the services）と前置詞atではさみ，(32b)で検索します（<u>provided</u>）。

(33) I want to stay at a hotel (facing, faced, faces) the sea.
    （海に面したホテルに泊まりたい）
(34) a. "hotel facing|faced|faces the sea"
    b. "at a hotel facing|faced|faces the sea"

 (33)でも，名詞句内における動詞の活用形の選択として，O④⑤によりN（hotel）と名詞句the seaではさみ(34a)で検索します。しかし，答えは一つになりません。そこで，前置詞句内の選択として，O④⑤によりP（at a hotel）と名詞句ではさみ，(34b)で検索します（<u>facing</u>）。

(35) She was standing there with her arms (crossing, crossed).
    （彼女は腕組みをして立っていました）
(36) "with her arms crossing|crossed"

 (35)の場合は，前置詞句内の選択なので，O④⑤によりPをwith her armsとし，動詞の活用形を後置させ，(36)で検索し

ます (crossed)。この場合，後置している語句はないので，O ④ によりこのままとします。

(37) I'm looking forward to (hear, hearing) from you soon.
(近いうちにお返事いただけることを楽しみにしています)

(38) "looking forward to hear|hearing from"

(37) でも，D ⑤により I'm を省き，V を looking forward to とし，不定詞と動名詞の選択をしますが，動詞の活用形の選択でもあるので，O ④により前置詞 from ではさみ (38) で検索します (hearing)。

(39) This pair of scissors (is, are) dull.
(このはさみは切れ味が悪い)

(40) "this pair of scissors is|are"

(39) では，主語と動詞の数の一致の問題ですので，動詞までで十分で，(40) で検索します。最初の 10 例中，is が 10 例，are が 1 例でしたが，are の 1 例は is の例と同じ Wikipedia の例でした (is)。site:edu を追加すると，5 例全部が is で，site:uk を追加すると is が 5 例，are が 5 例でしたので，イギリスでは are もあるようです。Wikipedia では 2013 年 9 月現在，イギリスでは this pair of scissors は are と一致すると書かれています。

1.2.2. 動詞以外の検索

動詞以外の場合も，O ③により構文の場合と疑問詞で始まる

場合を除いて，主語はなくても問題はありません。

(1) Sue is (terrible, awful, horrible) at skiing.
    (スーはスキーが下手です)
(2) a. "is terrible|awful|horrible at skiing"
    b. "is terrible|awful|horrible at"

(1) では，O③により主語を省き，V を is とし，B③により形容詞を前置詞句ではさみ，(2a) で検索します (terrible)。例がない場合は，D④により skiing を省き，(2b) で検索します。

(3) It is (rude, sorry, angry) to throw a stone at the woman.
    (女性に石をなげるのは...)
(4) "It is rude|sorry|angry to throw"

(3) は it is ＋形容詞＋to 不定詞の構文なので，C①により主語 it は残して V を it is とし，B③により形容詞を to 不定詞ではさみ，(4) で検索します (rude)。D①により，to 不定詞は目的語以下を省きます。

(5) All photos are (available, disagreeable, comfortable) in a variety of sizes.
    (写真はすべていろんなサイズで用意することが可能です)
(6) a. "are available|disagreeable|comfortable in sizes"
    b. "are available|disagreeable|comfortable in"

(5) では，O③により主語は省き，V を are とし，B③によ

り形容詞を前置詞句ではさみ，(6a) で検索します (available)。D ② により a variety of は省きます。例がない場合は D ④ により前置詞 in のみではさみ，(6b) で検索します。

(7)　I have (great, big, large) respect for her judgment.
　　　（私は彼女の判断に大いに敬意を抱いている）
(8)　a. "have great|big|large respect"
　　　b. "have great|big|large respect for her"

(7) でも，O ③ により主語は省き，V を have とし，B ③ により形容詞を名詞 respect ではさみ，(8a) で検索します (great)。また，後続する前置詞句も使う場合には D ④ により名詞を省き (8b) で検索します。

(9)　Some people find it (interesting, interested) to learn two languages at the same time.
　　　（同時に2か国語を学ぶのが面白いと思う人がいます）
(10)　"find it interesting|interested to learn"

(9) でも，O ③ により主語は省き，V を find it とし，B ③ により形容詞を to 不定詞ではさみ，(10) で検索します (interesting)。D ① により，目的語以下を省きます。

(11)　Women smokers die (of, by, at) a heart attack caused by smoking.
　　　（女性喫煙者は喫煙による心臓発作で死亡します）
(12)　"die of|by|at a heart attack"

(11) では，O③により主語は除き，Vをdieとし，B③により前置詞の目的語で前置詞をはさみ，(12) で検索します (of)。D②によりcaused以下は省きます。

(13) I will call you back (at, in, to) five minutes.
（5分後に折り返し電話します）
(14) "call you back at|in|to five minutes"

(13) でも，O③により主語・助動詞を省きます。Vをcall you backとし，B③によりfive minutesで前置詞をはさみ，(14) で検索します (in)。もしfiveで例がない場合は，アステリスクにしないで，C④により数字をありそうな数字に変えて検索します。

(15) The spot is best known (for, at, among) its hot springs.
（そこは温泉で有名です）
(16) a. "is best known for|at|among its hot springs"
b. "is best known for|at|among its"

(15) では，O③により主語は省き，Vをis + best knownとし，前置詞の目的語で前置詞をはさみ，(16a) で検索します (for)。例がない場合には，D④によりhot springsを省いて (16b) で検索します。C③によりits hot springsをthemに代えてしまうと，「人々」の意味になってamongが選ばれてしまうので注意が必要です。

(17) What's the situation (on, with, like) in Canada?

（カナダの状況はどんな感じですか）

(18)　"What's the situation on|with|like in Canada"

(17)では，O③により，疑問詞で始まるので主語などはそのままにし，in Canadaではさみ，(18)で検索します（like）。in Canada全体を省くと，onやwithの例が多くなってしまいます。例がない場合には，D④によりinのみではさんで検索します。

(19)　I (almost, nearly) missed my flight.
　　　（私はもう少しで飛行機に乗り遅れるところでした）
(20)　a.　"nearly missed my flight"　　site:uk　　51　(@ 33,400)
　　　b.　"almost missed my flight"　　site:uk　　36　(@ 6,240)
　　　c.　"nearly missed my flight"　　site:edu　　12　(@ 62)
　　　d.　"almost missed my flight"　　site:edu　　30　(@374)
　　　e.　"almost|nearly missed my flight"　　site:uk
　　　f.　"almost|nearly missed my flight"　　site:edu
　　　g.　"almost|nearly missed my flight"

(19)を比較検索した(20a-d)では，2014年2月現在，イギリスではnearlyとalmostの両方が用いられるのに対して，アメリカではおもにalmostが用いられることが件数比較をするとわかります。語と語のOR検索を用いた(20e)では，最初の30例のうちalmostが22例，nearlyが8例に対し，(20f)ではalmostが28例，nearlyが2例でした。イギリスのほうがalmostだけでなくnearlyも使うことがどちらの検索方法でもわ

かるといえます。しかし，サイト内検索をした (20e), (20f) もサイト内検索をしなかった (20g) も，すべてが最初の10例では almost のみでした。選択肢がはっきりしている場合には通例サイト内検索しなくてもいいこと，英米の違いを詳しく調べたい場合は件数比較をすべきことがわかります。なお，X (@ Y) ではXが実際に例としてみられる実例件数，Yは Google が機械的に計算した推定件数（画面左上に現れる数字）を示します。

(21) Tom always exaggerates. You should take his words with a grain of (pepper, salt, spice).
（トムはいつも大げさに話す。彼の話は話半分できいたほうがよい）

(22) "with a grain of pepper|salt|spice"

(21) については，前置詞句を構成する部分だけでよいので，O ⑤ B ③により P (with a grain) に前置詞句 (of + 名詞) を後置させ，(22) で検索します (salt)。

(23) You have a (plenty, variety) of books.
（たくさんの／いろんな本をお持ちですね）

(24) a. "a plenty|variety of books"
    b. "a plenty|variety of"

(23) では，名詞句を構成する部分だけでよいので，O ⑤ B ③により N (a) と前置詞句 (of books) で名詞をはさみ，(24a) で検索します (variety)。例がない場合は，D ④により名詞を省いて，(24b) で検索します。

(25) (One, Most, Almost) of the students were against the plan.
(学生の ... はその案に反対でした)

(26) "one|most|almost of the students were"

(25) では,名詞を構成する部分(主部)と,動詞との数の一致の問題ですので,S を N (one など) + 前置詞句 (of the students) とし,were を後置させて (26) で検索します (most)。例がない場合には,C③により the students を them にして検索します。

(27) Drivers (unfamiliar, unconscious, unknown) with the road are likely to take the turns too wide.
(道路に精通していないドライバーはカーブをとても大きく曲がる傾向にある)

(28) a. "drivers unfamiliar|unconscious|unknown with the road"
  b. "drivers unfamiliar|unconscious|unknown with the"

(27) の場合は,名詞句を構成するのは drivers から with 句までで,O⑤ B③により形容詞を N (drivers) と前置詞句ではさみ,(28a) で検索します (unfamiliar)。例がない場合は,D④により前置詞の目的語 road を省き,(28b) で検索します。

(29) We were (disappointed, worried, exciting) to learn that the game was canceled today.
(私たちは今日の試合が中止になってがっかりしました)

(30) "were disappointed|worried|exciting to learn"

(29)では，O③により主語を省き，B②によりVをwereとし，B③により形容詞をto不定詞ではさみ，(30)で検索します(disappointed)。D①によりthat節は省きます。

(31) Laura won the beauty contest hands (down, up, out).
（ローラはわけなく美人コンテストで優勝しました）
(32) "won the contest hands down|up|out"

(31)では，主語は省き，wonから最後までが定型です。D②によりbeautyを省略し，(32)で検索します。wonを省いてしまうとhands upの例も検出されることから，wonが文脈上必要な要素であることがわかります(down)。O④により，定型表現での副詞の選択では後置する語はなくても問題ありません。

(33) Look at the stars! They are (so, such, many) beautiful.
（星をみてごらん。とてもきれいだよ）
(34) "are so|such|many beautiful"

(33)についても，主語は省き，V(are)と補語(beautiful)ではさみ，(34)で検索します(so)。このsoはveryよりも話者が見た時の実感を示しています（衣笠 (2012: 110–112) 参照）。

(35) I can't believe (that, which, what) you say.
（私はあなたのいうことが信じられない）
(36) "believe that|which|what you say"

(35) では，O ③ により主語＋助動詞は省き，V を believe とし，C ② により後続する節の主語＋動詞 (you say) を残してはさみ，(36) で検索します (<u>what</u>)。

(37)　I was taking a shower (when, as, what) Mary called.
　　　（シャワーをあびていたらメアリーから電話があった）
(38)　"taking a shower when|as|what he|she called"

(37) では，O ③ D ⑤ により，主語・be 動詞を省き，V を taking a shower とし，C ② により後続する節の Mary called を残してはさみ，(38) で検索します (<u>when</u>)。ただし，C ③ により Mary は一般的な代名詞 he|she にします。

以上みてきたように，語と語の OR 検索はサイト内検索をしなくても十分に正しい結果を示してくれました。したがって，この OR 検索は有効であることがわかります。

1.3.　OR 検索を使う技—節と節の OR 検索—

1.3.1.　動詞の検索

1.2 節では語と語の OR 検索をみてきました。しかし，語と語の OR 検索は 1 語ずつの場合には使えますが，語数が違うときは使えません。衣笠 (2010) では語数が違うときは，1 件ずつ検索し，件数比較をすることを勧めましたが，今回は件数比較することなく，結果を求める方法を示します。

(1)　Would you mind (to open, opening) the window?

（窓を開けていただけませんか）

(2)　a.　"Would you mind to open the window"

47（@12,800）

　　　b.　"Would you mind opening the window"

220（@767,000）

たとえば，(1) について調べるのに，(2a, b) で検索すると，実例件数，推定件数もそれなりにあるので，どちらもありうると思ってしまいますが，(2a, b) ではサイト内検索をしていない数字であることに注意が必要です。

(3)　a.　"Would you mind to open the window"　site:edu

0

　　　b.　"Would you mind opening the window"　site:edu

24（@121）

サイト内検索をした (3a) では，実例件数 0 になり，推定件数は 184,000 と出ていますが，引用符（" "）のない場合の件数であり，意味がありません。(3b) では，実例件数 24（推定件数 121）となり，はっきりと (3b) が正しいことがわかります (opening)。

(4)　"Would you mind to open the window"|"Would you mind opening the window"

　　　("Would you mind to open the window" OR "Would you mind opening the window")

(1) では，to 不定詞と動名詞は語数が違うので，語と語のOR 検索はできません。したがって，O ②により節全体を" "（引用符）で囲み，パイプ（|）を用いて節と節の OR 検索をします。O ③により Would you は省いてもかまいませんが，C ②により決まり文句として残し，B ③により選択肢（to open, opening）を目的語 O (the window) ではさむ形にし，(4) で検索します（例がない場合には，O ④により the window を省いて検索します）。(4)では最初の 11 例のうち，10 例が opening の例で，1 例は間違った例としての to open でした。つまり最初の 10 例をみて，その割合で圧倒的に多いほうが正解でした。したがって，この O ②による検索も，サイト内検索をせずにどちらが適切かを判断できると思われます。そのことを確認するために，以下の例をみていきます。

(5) They will (can, be able to) go home within two hours.

(彼らは 2 時間以内に帰宅できるでしょう)

(6) a. "will can go home"　　　　　　11
　　　　　　　　　　　　　　　　　　(@5,620,000)
　　b. "will be able to go home"　　　283
　　　　　　　　　　　　　　　　　　(@4,510,000)
　　c. "will can go home"　site:edu　　0
　　d. "will be able to go home"　site:edu　87　(@ 65.600)

(7) "will can go home"|"will be able to go home"

(5) では，O ③ D ②により主語と within 句は省いて検索しま

す。(6a) と (6b) では，推定件数の件数だけでいうと 2014 年 2 月現在では間違っている (6a) が正しい (6b) よりもやや多いくらいでした。したがって，A ② のサイト内検索をする必要があります。(6c)，(6d) のようにすると，(6c) では「一致はありません」と表示され，間違いであることがわかります。そこで，A ③ O ② によりサイト内検索せずに (7) で節と節の OR 検索をしますと，最初の 10 例すべてが will be able to の例でした。語と語の OR 検索の場合と同じように，この OR 検索でも，実例をみていくため，最初の 10 例をみればどちらが正しいかわかるように思われます。なお，英語で節という場合は主語＋時制を持つ述語動詞の組み合わせを指しますが，この場合は検索時に主語を省く場合も，便宜上，節としています。

(8) You should (look up, examine) the word in a dictionary.
(辞書でその語を調べるべきです)

(9) a. "should "look up"|examine the word in a"
　　b. "should look up the word in a"|"should examine the word in a"

(8) では，O ③ により主語は省き，D ④ により目的語 O の後の前置詞句 P は名詞を省き，(9b) で検索します (look up)。語句の選択なので，語と句の OR 検索と考えて，(9a) でもよさそうですが，これでは不適当な examine が答えとなってしまいます。というのも，(2014 年 2 月現在，右上欄にある) 検索オプションをみるとわかるように，(9a) は should look up と "examine

the word in a" の検索結果を示せということだからです。したがって，(9b) のようにそれぞれが別の節として検索します。候補が二つとも出てきた場合は，C②により，dictionary を加えて検索します。

(10)　I wish I (had, would have) more time to talk with you.
（君ともっと話す時間があればよかったのに）

(11)　"I wish I had time"|"I wish I would have time"

(10) では，C②により I wish という決まり文句＋主語 I まではそのままにし，選択肢を目的語 time ではさむ形にし，(11) で検索します (had)。D②により more は省きます。

(12)　Mr. Smith (rolls up, puts on) his sleeves on a hot day.
（スミス氏は暑い日には腕まくりします）

(13)　"rolls up his sleeves"|"puts on his sleeves"

(12) でも，O③により主語は省き，二つの節（あるいは句）にし，B③により選択肢を目的語ではさむ形にし，(13) で検索します (rolls up)。D②により，on a hot day は省きます。例がない場合には，C③により his を my|his|her にする方法もありますが，その場合は 1.4 節で扱う節と語の OR 検索を組み合わせた技になります（→ 2.3.2 (12)）。

(14)　If (it will rain, it rains) tomorrow, I won't go to the park.

（もし明日が雨なら，公園には行かない）
(15) a.　"if it will rain"|"if it rains"
　　 b.　"if it will rain I won't go"|"if it rains I won't go"

　(14) では，if 節内の内容が問題ですので，C②により if を Q として残し，D②により tomorrow は省き，(15a) あるいは (15b) で検索します（it rains）。(15b) のように主節を入れる場合は，C②により動詞までとします。

(16)　My hobby is（collecting, to collect）stamps.
　　　（趣味は切手の収集です）
(17)　"hobby is collecting stamps"|"hobby is to collect stamps"

　(16) では，O③により，主語と補語とは意味的に関係があるので，hobby is +（動名詞|to 不定詞）が定型で，stamps を残し，(17) で検索します（collecting）。C①により my は省きます。動名詞と to 不定詞は語数が違うので，節と節の OR 検索をするしかありません。最初の 10 例のうち，collecting が 9 例で，残り 1 例はどちらが正しいかという議論がされている例でした。八木（2013: 73-87）の My hobby が主語の場合は to collect stamps でなく collecting stamps となる傾向が強いという説明と，結果が一致します。例がない場合は，O④により stamps を省いて検索します。

(18)　I was made（clean, to clean）my room.
　　　（私は部屋を掃除させられた）

(19) "I was made clean my room"|"I was made to clean my room"

(18)は使役構文の受身文なので，本来目的語である主語 I は省かず，（原形不定詞|to 不定詞）を V（I was made）と B ③により clean の目的語 the room を残し，(19)で検索します（to clean）。例がない場合は，O ④により目的語を省いて検索します。主語を省くと，no attempt が主語となる例がでてきました。この場合は「私の部屋を掃除しようとはされなかった」という意味になり，使役構文ではなくなります。

(20) I have never seen him (swim, to swim) in this river.
（私は彼がこの川で泳ぐのを見たことがありません）

(21) "have never seen him swim"|"have never seen him to swim"

(20)の定型は have + never + seen + 人 +（原形不定詞|to 不定詞）で，D ② O ④により前置詞句は省き，(21)で検索します（swim）。C ②により never は残しておきます。O ④により動詞 see と関係する定型を調べるものなので，swim に後続する語句はなくても問題がありません。

(22) We had better (hurry, to hurry). The movie's starting.
（映画が始まるから，急いだほうがよい）

(23) "had better hurry"|"had better to hurry"

(22) の定型は had better + (原形不定詞 | to 不定詞) で語数が違う検索になり，(23) で検索します (hurry)。had better と関係する定型を調べるものなので，O ④により hurry に後続する語句はなくても問題ありません。had better を用いるにはその理由が必要で，(22) の場合は「映画がもうすぐ始まる」という理由があります（衣笠 (2010: 164-166) 参照）。

(24) Don't forget (calling, to call) me tomorrow.
　　　（明日忘れずに電話してね）
(25) "don't forget calling me" | "don't forget to call me"

(24) の定型は forget + (動名詞 | to 不定詞) で，C ②により Don't も意味的に大事なので省かずに入れ，目的語 me を残し，(25) で検索します (to call)。D ②により tomorrow は省きます。例がない場合には O ④により目的語 me を省いて検索します。Don't forget と関係する定型を調べるものなので，call に後続する語句はなくても問題がありません。

(26) I quit (smoking, to smoke) last week.
　　　（私は先週タバコをやめた）
(27) "quit smoking" | "quit to smoke"
(28) This movie is worth (seeing, to see).
　　　（この映画は見る価値がある）
(29) "is worth seeing" | "is worth to see"

(26) の定型は quit + (動名詞 | to 不定詞) ですので，動名詞は 1 語ですが to 不定詞は 2 語になるので，O ②により (27) で

検索します（smoking）。D②によりlast weekは省きます。(28)の定型はis worth＋（動名詞｜to不定詞）ですので，(29)で検索します（seeing）。

(30) I'm very sad (hearing, to hear) the news.
   （その知らせをきいてとても悲しい）
(31) "am sad hearing the news"｜"am sad to hear the news"
(32) She is busy (doing, to do) the dishes.
   （彼女は皿洗いをするのに忙しい）
(33) "is busy doing the dishes"｜"is busy to do the dishes"

(30)，(32)の定型はbe動詞＋形容詞＋（動名詞｜to不定詞）なので，(31)ではthe newsを残し，(33)ではthe dishesを残し，それぞれ(31)，(33)で検索します（(30) to hear; (32) doing）。例がない場合にはO④により目的語のthe newsまたはthe dishesを省いて検索します。

(34) Can you hear the birds (singing, to sing, to be singing)?
   （鳥が鳴いている声が聞こえますか）
(35) a. "can hear the birds singing"｜"can hear the birds to sing"｜"can hear the birds to be singing"
   b. "can hear them singing"｜"can hear them to sing"｜"can hear them to be singing"

(34)でも三つの節の選択ですので，(35a)で検索します

(singing)。O ③により主語 you は省きます。例がない場合には，C ③により the birds を them で置き換え，(35b) で検索します。

(36) If he (had studied, studied, would have studied) harder, he would have passed the examination.
（もっと熱心に勉強していれば，彼は試験に合格していただろうに）

(37) "if he had studied harder"|"if he studied harder"|"if he would have studied harder" "he would have passed"

(36) では，対比された語数がそれぞれ違うので，(37) のように節単位で並べます。harder は修飾語ですので，もし例がない場合には D ②により省きます。主節の he would have passed は構造上必要といえますので，独立させて引用符で囲みますが，D ①により passed の目的語は省きます (had studied)。

以上みてきたように節と節の OR 検索は常に正しい答えを導き出してくれましたので，検索手段として十分に役に立つと思われます。

1.3.2. 動詞以外の検索
O ②は冠詞の検索にも有効です。

(1) You have (the, a) wrong number.
（電話番号が違っています）

(2) a. "you have the wrong number"　288　(@4,890,000)

b. "you have a wrong number"　　286（@392,000）

（1）の件数比較をした（2a, b）では，2013年9月現在，どちらの場合も同じくらい実例があって，どちらが正しいのかわかりにくいといえます。ただし，site:edu などのサイト内検索をすれば，（2a）の実例は58（@146,000）に対し，（2b）の実例は20（@5,410）でしたので，件数比較でも，（2a）のほうが正しいのではないかと推測できました。

　（3）　"you have the|a wrong number"

実は，（1）の場合，1.2節で扱ったように，件数比較することなくこの問題を決着させるのには，語と語のOR検索を使って，（3）で検索するという方法があります。

　（4）　"you have the wrong number"|"you have a wrong number"
　　　（= "you have the wrong number" OR "you have a wrong number"）

さらに，O②により節と節のOR検索をする方法もあります。正しいほうが上位にきます。英米の違いにこだわる場合でない限り，サイト内検索をする必要はありません。O③により主語youは省いてもいいですが，きまり文句的なので，C②により残し，（4）で検索します。" "（引用符）と |（パイプ）を忘れないように入力します (the)。最初の10例のうち8例がthe，1例は両方，1例はaでした。COCAコーパスを用いるとさらにはっ

きりします（→ 2.3.2 (1)）。

(5) What's on (TV, the TV) tonight?
(テレビは今夜何をやっていますか)

(5) の場合には，(1) の場合のように語と語の OR 検索をする方法はありません。片方には冠詞がありますが，もう片方にはないからです。

(6) a. "What's on TV tonight" (@1,990,000)
    b. "What's on the TV tonight" († 30,200)

(6a, b) の場合でも，(6a) のほうが推定件数は多いですが，(6b) も件数は少なくないので迷うところです。

(7) "what's on TV tonight" | "what's on the TV tonight"
    (= "what's on TV tonight" OR "what's on the TV tonight")

しかし，(7) のように節と節の OR 検索をすれば，問題は一度に解決します。一つを書いて，二つ目はコピーして the を足し，パイプ（あるいは OR）を間につけます。D ②により tonight は省いて検索してもいいでしょう。最初の 10 例すべてが (6a) の例でした（TV）。

(8) We want to live (happy, a happy) life.
(私たちは幸せな人生を送りたい)

(9) a. "live happy life" 261 (@836,000)

b. "live a happy life"　　　　　　　339（@11,200,000）
(10) a. "live happy life"　site:edu　　　　5
　　　b. "live a happy life"　site:edu　　252（@15,400）
(11)　"live happy life"｜"live a happy life"

　(8) では，O③D③により主語と want to は省き，動詞 live からの検索で十分です。サイト内検索をしない場合の件数比較 (9a, b) では，2種類ともに例が多く出てきました。したがって，正しい結果を出すには (10a, b) のようにサイト内検索にする必要があります。しかし，これを (11) のようにすると，サイト内検索はしなくても最初の10例をみれば適切な語句が見つかります (a_happy)。この場合は節と節ではなく，句と句の OR 検索と考えてもいいでしょう。

(12)　(Man, A man) cannot live without water.
　　　（人は水なしには生きられない）
(13) a. "Man cannot live without water"　　　　（@80,200）
　　　b. "A man cannot live without water"　　（@499,000）

　(12) は，2013年9月の数字ですが，推定件数としては，(13b) のほうが (13a) より多いので，(13b) のほうが正しいと思ってしまいます。2014年1月でも @92,800 と @164,000 と数字が変化しているものの間違いである (13b) のほうが多いという事実は変わりませんでした。

(14) a. "Man cannot live without water"　site:edu　　7
　　　b. "A man cannot live without water"　site:edu　　0

(13b) に site:edu を追加した (14b) は「との一致はありません」と表示されました。この (14b) の推定件数は @2,260,000 となりましたが，これは引用符（ダブルクォート）がない場合の件数ですので注意が必要です。サイト内検索をすると (14a) が正しいことがわかります。

(15) "man cannot live without water"|"a man cannot live without water"

そこで，(15) のような節と節の OR 検索を使うと，Man の例が最初の 10 例中 8 例でこれが正しいと判断できます（<u>Man</u>）。

(16) (Air, The air) pollution is a big problem.
　　　（大気汚染は大きな問題です）
(17) a. "air pollution is a big problem"|"the air pollution is a big problem"
　　 b. "air pollution is"|"the air pollution is"

(16) は最初に冠詞があるかないかというやっかいな問題ですが，語数も多くないのでそのまま (17a) で検索します（<u>Air</u>）。例がない場合には補語を省き，(17b) で検索します。

(18) (Urgent, An urgent) action was needed to save the building.
　　　（その建物を救うためには緊急の行動が必要だ）
(19) "urgent action was needed to save"|"an urgent action was needed to save"

(18) は衣笠 (2010: 71-72) でも扱った問題で，そこでは件数比較をしました。ここでは，D ①により to 不定詞は動詞まで残し，(19) で検索します (Urgent)。例がない場合には，D ①により to 不定詞は save は省き to のみにして検索します。

(20) I had (a great, great) time yesterday.
（私は昨日楽しい時を過ごした）

(21) "had a great time"|"had great time"

(22) She has made (remarkable, a remarkable) progress in her English.
（彼女は英語が上達した）

(23) "made remarkable progress"|"made a remarkable progress"

(20)，(22) でも，O ③により主語は省きますが，B ③により形容詞の後なので名詞を残し，それぞれ (21)，(23) で検索します。D ②により yesterday, in her English は省きます ((20) a great; (22) remarkable)。

(24) The train was delayed because of (bad weather, the bad weather).
（列車は悪天候のために遅延した）

(24) では，2.3 節で紹介するアメリカ英語コーパス COCA では because of bad weather 44 件，because of the bad weather 7 件で，イギリス英語コーパス BNC では because of bad weather 17 件，because of the bad weather 1 件でしたので，

the があるのも間違いではないが，ないほうが多いことがわかります。では Google ではどうでしょうか。

(25) a. "was delayed because of bad weather" site:edu
9
b. "was delayed because of the bad weather" site:edu
0
c. "was delayed because of bad weather" 334 (@ 48,000)
d. "was delayed because of the bad weather" 63 (@ 43,300)

(26) a. "because of bad weather"|"because of the bad weather"
b. "was delayed because of bad weather"|"was delayed because of the bad weather"

サイト内検索をした (25a, b) でははっきりしますが，サイト内検索しない (25c, d) の場合では，推定件数はどちらも同じくらいなので迷うところです。○③により主語は省きます。ところが，(26a) のようにすると，最初の 10 例のうち，すべてが the のない例であることから，サイト内検索なしで，適切なほうが簡単にわかります (bad weather)。動詞を前置した (26b) での検索でも同じ結果でした。

(27) I was (in hospital, in the hospital) for a month.
（私は 1 か月入院していた）

(27) の in (the) hospital（入院している）という場合は，イギリスでは一般に the はつけないが，アメリカではつけるといわれています。英米の違いが意識されるときにはサイト内検索を用います。

(28) a. "was in hospital for a month"|"was in the hospital for a month"　site:edu
　　 b. "was in hospital for a month"|"was in the hospital for a month"　site:uk

2013年9月現在，(28a) では最初の10例のうち，すべてが in the hospital でした。(28b) では最初の10例のうち in hospital が7例，in the hospital が3例でした。イギリスでは in hospital がやや優勢であることがわかります（米 <u>in the hospital</u>, 英 <u>in hospital</u>）。

(29) I arrived（×, at）the hospital ten minutes ago.
　　（私は10分前に病院に到着しました）
(30) a. "arrived the hospital"|"arrived at the hospital"
　　 b. "arrived the"|"arrived at the"
(31) We discussed（about, ×）the problem.
　　（私たちはその問題を議論した）
(32) a. "discussed about the problem"|"discussed the problem"
　　 b. "discussed about the"|"discussed the"

(29), (31) のような前置詞の有無の場合も，O③により主語

は省き，それぞれ動詞と目的語ではさむ形にし，(30a), (32a) で検索します。(30a) では D ② により ten minutes ago を省きます ((29) at; (31) ×)。例がない場合は C ③ により名詞を省いて the のみを残して (30b), (32b) で検索します。たとえば，(30b) では the でなく it にすると，it が arrived の目的語でなく後続する節の主語の例が多くでてくるという不都合があるのに対して，the では名詞が後続していて，その心配はありません。

(33)　She went (out of, from) the room.
　　　　（彼女は部屋から出て行きました）
(34) a.　"went out of the room"|"went from the room"
　　 b.　"went out of the"|"went from the"

(33) でも，O ③ により主語は省き，動詞と名詞句で選択肢 (out of, from) をはさむ形にしますが，二つの節の選択とし，(34a) で検索します (out of)。例がない場合は，C ③ により the を残し，(34b) で検索します。

(35)　The tennis match was canceled (because of, in spite of) the snow.
　　　　（テニスの試合は雪のために中止された）
(36)　"was canceled because of the snow"|"was canceled in spite of the snow"

(35) では O ③ により主語は省き，V (was canceled) と名詞句で選択肢をはさむ形にし，(36) で検索します (because of)。

(37) The teacher gave (us a little time, a little time us) to think about the question.
(先生は質問について考える時間を少しくれました)

(38) "gave us a little time to think"|"gave a little time us to think"

(37) では，O ③により主語は省き，V (gave) と，to 不定詞で選択肢をはさむ形にし，(38) で検索をします (us a little time)。D ②により about 句は省きます。

1.4. OR 検索を使う技──節の選択と語の選択の組み合わせ──

第2節では語と語の OR 検索，第3節では節と節の OR 検索を行いましたが，ここでは両者を組み合わせます。このやり方を覚えると検索がより簡単で便利になります。

1.4.1. 動詞の検索

(1) The man denied (steal, stealing, to steal) the car.
(その男は車を盗んだことを否定した)

(2) a. "denied steal|stealing the car"|"denied to steal the car"
(="denied (steal OR stealing) the car" OR "denied to steal the car")

b. "denied steal the car"|"denied stealing the car"|"denied to steal the car"

たとえば，(1)の場合を考えてみましょう。(1)では，O③により，主語は省き，V(denied)と目的語 the car ではさみます。steal と stealing は 1 語ですので，この二つを並べて一つの節にします。to steal は 2 語ですので，別の一つの節にし，この二つの節の間で OR 検索したのが(2a)です。すべてを別々の節にして OR 検索をするという(2b)の方法もありますが，(2a)のほうが簡単です(stealing)。例がない場合には，動名詞，to 不定詞などからの選択ですので，O④により the car は省いて検索します。

(3) I could not help (laugh, laughing, to laugh) at his funny face.
（私は彼のおかしな顔をみて笑わずにはいられなかった）

(4) "could not help laugh|laughing at"|"could not help to laugh at"

(3)では，laugh, laughing を並べて検索し，to laugh との二つの節の検索となります。O③により，主語は省き，V を could not help とし，O④により前置詞のみを残し，(4)で検索します(laughing)。

(5) I felt someone (touch, touches, to touch) me on the shoulder.
（私は誰かが私の肩に触れるのを感じた）

(6) "felt someone touch|touches me"|"felt someone to touch me"

(5) でも主語は省き，touch と touches を一つの節に，to touch を別の節にし，合計二つの節にして検索します。V を felt someone とし O ④により目的語 me のみを残し，(6) で検索します (touch)。例がない場合は，to 不定詞，原形不定詞などからの選択ですので，O ④により me を省いて検索します。

(7) As it (happens, occurs, takes place), I attended the ceremony yesterday.
(たまたま，私は昨日その式に出席していました)

(8) a. "As it happens|occurs"|"As it takes place"
b. "As it happens|occurs I attended"|"As it takes place I attended"

(7) では，happens と occurs は1語ですので二つを OR 検索で並べて一つの節にします，takes place は別の節として，二つの節の OR 検索として検索します。D ③により，主節は省いて (8a) とすると，happens と occurs が出てきます。このように候補が複数ある場合には，C ② D ①により，主節を動詞まで残して (8b) で検索します (happens)。ちなみに，as it happened ではないのかという疑問があれば，"as it happens I attended"|"as it happened I attended" という検索をしてみるとよいでしょう。どちらもあることがわかります。また，英和辞典などで確認するのもいい方法です。

(9) On the train he (spends, continues, spends on, continues on) most of the time reading a book.

(列車内では彼はほとんどの時間，読書をしてすごす／続ける)

(10) "spends|continues most of the time reading"|"spends|continues on most of the time reading"

(9)では，spends と continues, spends on と continues on を並べ，(10)で検索します。B③により doing 形のみ残します(spends)。例がない場合には，D②により most of を省き the time にして検索します。

(11) We (are opening, is having, are throwing) a birthday party next Sunday!
(私たちは次の日曜日に誕生会を開く予定です)

(12) "we are opening|throwing a birthday party"|"we is having a birthday party"

(11)では，opening と throwing を一つの節にまとめて(12)で検索します(are throwing)。O③により，主語と be 動詞との数の一致の問題があるので，主語は入れておきます。we は is でなく are と一致します。例がない場合には D②により birthday を省いて検索します。

(13) It (had been, has been, was) raining for an hour when I left the office.
(私が会社を出たときには，1時間前から雨が降っていました)

(14) "has|had been raining for an hour when I left"|"was raining for an hour when I left"

(13) の場合，had と has のある節を一つの節にまとめ，was のある節を別の節にします。when 節は前置するとアスタリスクを入れる必要があり，求める結果が得られにくくなるため，when 節はそのまま後置し，C②D①により left の目的語は省き (14) で検索します (had been)。特に left と過去形になっていることが has と had の選択に重要な例です。

(15) Ben had his daughter (taken care of, take care of, taken care, take care) by his parents while he traveled abroad.

(ベンは，外国旅行中は両親に娘を見てもらった)

(16) a. "had his daughter taken|take care of by"|"had his daughter taken|take care by"
 b. "had him|her taken|take care of by"|"had him|her taken|take care by"

(15) では，動詞の活用形が関係しているので，O④により前置詞は by ではさみますが，(16a) では1例だけでした。件数を増やすには，daughter の部分にアスタリスクを使うという方法もありますが，衣笠 (2010: 55-56) で述べたように，アスタリスクは該当の箇所以外を埋めることがあるので，複雑な文ではうまく検索できません。したがって，C③により his daughter を代名詞 him|her として，選択肢を少し増やし，(16b) で検索します (taken care of)。また，この文の主節部分を Excite 翻訳させると taken care of のみが正しい日本語になりました (→3.1 (40))。

1.4.2. 動詞以外の検索

(1) The soccer game was shown on a big screen in front of (a large, a lot of, many, much) audience.
(サッカーの試合は大観衆の前の大画面に写し出された)

(1) は，衣笠 (2010: 73-74) で扱った問題で，そこでは4種類の件数比較をしました。

(2) "in front of a large audience"|"in front of a lot of audience"|"in front of many|much audience"

しかし，(1) は (2) の1種類で答えを見つけることができます。この場合は，節と節ではなく，句と句の OR 検索になります (a large)。2013年9月現在最初の10例のうち，a large audience が7例，many audience が1例でした。もちろん，site:edu を追加すると10例全部が a large audience でした。件数比較をするには4回の検索が必要ですが，(2) では1回だけの検索で適切な語句を見つけることができました。

(3) While I had a conversation with him, he asked (me, me of, me with) my age.
(私が彼と話していると，私の年齢を聞いてきた)

(4) "asked me my age"|"asked me of|with my age"

(3) では，ask の目的語の型を求める問題ですが，目的語を二つ並べるのか，前置詞をはさむのかの問題ですので，一つは独立させ，もう一つは前置詞 of と with を並べて，二つの節の選択と

して (4) で検索します。O ③により，主語は省きます (me)。

(5) I never got (many, much, a lot of) information about it.
(私はそれについての情報があまり得られなかった)

(6) "never got many|much information"|"never got a lot of information"

(5) では，否定文という環境では a lot of なのか much なのかということで，C ②により never は必要ですが，O ③ D ②により，主語と前置詞句は省き，(6) で検索します (much)。

(7) My father held me by (hand, a hand, the hand).
(父は私の手を握った)

(8) "held me by hand"|"held me by a|the hand"

(7) では，O ③により主語は省きます。by hand は一つの節にし，by a hand と by the hand を並べて別の節にして，(8) で検索します (the hand)。

(9) I have no idea (on, of, about, ×) what to do.
(私はどうしたらよいのかわかりません)

(10) a. "have no idea on|of|about what to do"|"have no idea what to do"
    b. "have no idea on|of|about what"|"have no idea what"

(9) のように，no idea の後に前置詞を入れるべきか，入れる

必要がある場合にはどういう前置詞かを調べたいときには，"I have no idea * what to do" で検索すると，アステリスクがあるために，さまざまな例が検出されて迷います。こういう場合にもこの検索が役立ちます。O③により主語は省き，前置詞 on, of, about を並べて入れる節と何も入れない節を OR で結び（10a）で検索します（×）。例がない場合には C③により先頭の what のみを残し，（10b）で検索します。

(11) Canada is (more large, larger, largest) than Japan.
（カナダは日本より大きい）

(12) "is more large than"|"is larger|largest than"

(11)では，O③により主語は省き，形容詞の後なので，B③により than のみを残し，(12)で検索します (larger)。

(13) (In spite of, With all, Because of) the rain, Ben went out.
（雨にもかかわらず／のために，ベンは出かけた）

(14) "In spite of the rain, he|she went out"|"with all the rain, he|she went out"|"because of the rain he|she went out"

(13)の場合，C③により，主語は固有名詞でなく代名詞 he|she にし，C②により，主節も文脈上必要な Q と考え，(14)で検索します (in spite of)。

(15) I was talked (about, to, away from, out of) buying a

big car by my sister.

（私は姉から大きい車を買う／わないように言われた）

(16) a. "was talked about|to buying"|"was talked away from buying"|"was talked out of buying"
　　b. "was talked about|to buying"|"was talked away|out from|of buying"

(15) についても，衣笠（2010: 74-75）では一つずつ件数比較をしました。しかし，節と節の OR 検索を用いると，about と to は語の選択なので，これを一つにすれば三つの節の選択とし，D ①により buying の目的語以下を省き，(16a) で検索できます。あるいは，away from と out of は away か out，from か of の選択と考え，二つの節の選択にまとめれば，(16b) で検索してもいいでしょう（<u>out of</u>）。

1.5. OR 検索を使う技──形容詞の語順を調べる──

形容詞が二つあるときに，どちらの語順が正しいか調べたいときは，衣笠（2010: 139-144）では Google で実例件数をみてみるとよいと述べました。

(1) "a beautiful little doll"　site:edu　　11 (@734)
(2) "a little beautiful doll"　site:edu　　 0

すると，(1) の実例が 11 件あるのに対し (2) は 0 件ですので，(1) が適切であるとわかります。しかし，O ②により句と

句の OR 検索を用いると，一つずつ実例件数を調べなくてもよいことがわかります。

 (3) "a beautiful little doll"|"a little beautiful doll"

(3) では，最初の 10 例すべてが (1) の例でしたので，こちらが適切な語順であることがわかります。

 (4) a. "a beautiful big house" site:edu 22（@6,720）
   b. "a big beautiful house" site:edu 47（@4,000）

そのことは (4a, b) の場合も同じで，推定件数では (4a) のほうが多いですが，実例件数からは (4b) のほうが多いと判断できます。

しかし，この場合も句と句の OR 検索が使えます。

 (5) "a big beautiful house"|"a beautiful big house"
 (6) a. "a big beautiful house"|"a beautiful big house" site:edu
   b. "a big beautiful house"|"a beautiful big house" site:uk

(5) では，最初の 10 例のうち，a big beautiful house が 8 例，a beautiful big house 2 例となり，サイト内検索しなくても，(4a, b) の結果と同じになることがわかります。また，(6a, b) のようにサイト内検索をしてみると，最初の 20 例では (6a) が 19 例と 1 例，(6b) が 12 例と 8 例ですので，アメリカよりイギリスのほうが後者もよく使うということがわかります。しかし，英米

の違いを特に意識しなければサイト内検索はしなくていいでしょう。

(7) I saw a (young American, American young) woman yesterday.
（私は昨日若いアメリカ人女性と会った）
(8) "a young American woman"|"a American young woman"

(7) の語順の検索は，形容詞二つだけでもいいのですが，衣笠 (2010: 143) でも述べたように，どういう名詞が後続するかによって語順が変わる（つまり，名詞との結び付きが語順に関係することがある）ので，名詞を含めて検索することが重要です。特に，(7) では，American は名詞用法もあるので，後続する名詞を含めることが不可欠です。(8) の検索では，最初の 10 例すべてが a young American woman となり，これが正しい語順であることがわかります。

(9) I saw a (beautiful big, big beautiful) woman.
（私は大柄の美女に会いました）
(10) "a beautiful big woman"|"a big beautiful woman"
(11) There is a (beautiful big, big beautiful) screen in the house.
(12) "a beautiful big screen"|"a big beautiful screen"

名詞との結びつきの違う例を示すと，(9) の OR 検索である (10) ではすべて a big beautiful woman でしたが，同じ形容詞

を並べた (11) の OR 検索である (12) では a beautiful big screen 5 例, a big beautiful screen 5 例という結果になりました。woman の場合と違って, screen ではどちらの語順もありうることがわかります。

(13) She has (three pretty, pretty three) daughters.
(彼女は 3 人の可愛い娘さんがいる)

(14) "three pretty daughters"|"pretty three daughters"

(13) では, (14) で検索すると, 最初の 10 例は three pretty daughters のみが出てきました。

(15) You can see a (beautiful night, night beautiful) view of the bay area.
(湾岸地帯の美しい夜景が見られます)

(16) "a beautiful night view"|"a night beautiful view"

(15) では, (16) で検索します。night のように, (数詞を除いて) 本来名詞用法のものは名詞により近い位置に置かれることがわかっています (beautiful night)。

(17) The rooms are (clean and comfortable, comfortable and clean).
(部屋は清潔で心地よい)

(18) a. "rooms are clean and comfortable" site:edu
20 (@ 2,980)

  b. "rooms are comfortable and clean" site:edu   8

c. "rooms are clean and comfortable" site:uk

102 (@1,020,000)

d. "rooms are comfortable and clean" site:uk

84 (@217,00)

(19) a. "rooms are clean and comfortable"|"rooms are comfortable and clean"

b. "rooms are clean and comfortable"|"rooms are comfortable and clean" site:edu

(17) では，C①によりtheを省いてroomsを主語にし，(18a-d) で検索するとclean and comfortable のほうが多いことがわかります。しかし，(19a) としても，最初の10例で clean and comfortable が7例, comfortable and clean が3例で，同じ結論になりますし，サイト内検索をした (19b) では clean and comfortable が9例, comfortable and clean が1例でした。

実は，(3) には別のやり方もあります。つまり，形容詞を語と語の OR 検索をして並べていくのです。また，この方法は，第2章の英辞郎や英語コーパス COCA の検索でも使える技となります。

(20) "a beautiful|little beautiful|little doll"

(="a (beautiful OR little) (beautiful OR little) doll"

(20) は beautiful little が9例，little beautiful が1例で，(3) の場合と同じような結果になりました。形容詞の語順は (A) beautiful|little でも (B) little|beautiful でも問題ありませんが，

どちらも A|B　A|B とするか B|A　B|A とするか統一しておくようにします。

(21) a. "rooms are clean|comfortable and clean|comfortable"
　　b. "rooms are comfortable|clean and comfortable|clean"
　　c. "rooms are comfortable|clean and clean|comfortable

なぜなら，(19a) に対応する (21a, b) でも，結果はすべて clean and comfortable となりましたが，A|B　B|A である (21c) では，Google が勝手に comfortable|clean and clear|comfortable であると判断し，clean and clear が1例あり，残り9例が clean and comfortable となったからです。

(22) a. "a big|beautiful big|beautiful house"
　　b. "a big|beautiful big|beautiful house" – "big big"

(5) に対応する (22a) では，a big big house ばかりで a big beautiful house が出てくるのは60例目以降になりました。こういう場合にはマイナス検索が役に立ちます。(22b) のようにマイナス検索で余計な例を排除すると求める例が早く見つかります。(22b) では，最初の10例のうち，a big beautiful house が9例，a beautiful big house が1例で，(5) と同じ結果でした。

(23)　"a young|American young|American woman"

(8) に対応する (23) でも, young American, young young, American young, American American という組み合わせからの選択になりますが, young young や American American というのはあるとしてもまれであるので問題はありません。最初の10例すべてが a young American woman でした。

(24) a. "a beautiful|big beautiful|big woman"
     b. "a beautiful|big beautiful|big screen" −"big big"

(10) に対応する (24a) では, (10) の場合と同じく最初の10例すべてが a big beautiful woman になりました。(12) に対応する (24b) では, a big big screen の例を除くためにマイナス検索をした結果, a big beautiful screen が6例, a beautiful big screen が4例で, (12) の場合と同じくどちらの語順もあることがわかります。

(25) "three|pretty three|pretty daughters"

(13) に対しても, (25) で検索できます。この場合も, three three daughters という例を排除しませんが, 問題はありません。three pretty daughters が7例, three three daughters が3例でした。

(26) She looked at me with her (blue big, big blue) eyes.
     (彼女は大きな青い目で私を見ました)
(27) a. "with her blue big eyes"|"with her big blue eyes"
     b. "with her blue|big blue|big eyes"

c. "looked at me with her blue|big blue|big eyes"

　(26) の問題となる部分は前置詞句を構成する部分なので，(27a) でも (27b) でも OK です (big blue)。もちろん，(27c) のように動詞句を入れても問題ありません。実は色には名詞用法があるので，(15) の night の場合と同じく，blue がより名詞に近い位置に置かれます。

　こうした OR 検索は形容詞の語順以外にも，(28) のような形容詞と副詞の語順の場合に利用できます。

(28)　He is (tall enough, enough tall) to reach the ceiling.
　　　（彼は天井に手が届くほど背が高い）
(29) a. "is tall enough to reach"|"is enough tall to reach"
　　 b. "is tall|enough tall|enough to reach"

　(29a) は節と節の OR 検索の例ですが，(29b) は語と語の OR 検索を連続させた例になります (tall enough)。

　ちなみに，ことわざ，成句など決まった言い方では，語句を単に並べるだけで，正しい語順になるというのが Google です。迷った時は一度引用符を省いてみてどういう語順になるかみてみるのも一つの方法です。

(30)　were a bird I if
(31)　rolling gathers no stone moss a
(32)　will catch man a drowning straw at a
(33)　hay makes shines sun while the

第 2 章

アルクの英辞郎・COCA の使い方

アルクの英辞郎の辞書データには，一般的な単語や連語から，イディオム，専門用語，スラングなど，通常の英和・和英辞典にない新しい語彙や複雑な言い回しも含まれ，2013年8月には193万項目あると述べています。学習者にとって利用する価値は十分にあるといえます。英辞郎 on the WEB (http://www.alc.co.jp/) は，オンライン上で無料利用できるもので，一つのコーパスとしてうまく使うと便利なサイトといえます。衣笠(2010: 120-124) では英辞郎の使い方を簡単に紹介しましたが，今回は，英辞郎を Google 検索なみに使いこなす技を詳しく紹介します。また，Google では訳は普通ついていませんが，辞書ですので，英文にはほとんど日本語訳もありますので，その意味でも学習者には便利だと思われます。以下では 2014 年 1 月の検索結果をもとに述べています。今後，例の増減や修正があると結果が違ってくることがありますのでご了承ください。

　衣笠（2010: 121）でも述べたように，インターネットで辞書を使う場合はできるだけ 2 語以上で検索するのがコツで，それは英語だけでもよいし，英語と日本語を混ぜてもかまいません。このことを念頭に，辞書のサイトでどう解決するのかを考えます。ここでも英辞郎を引きこなすための技を紹介します。英辞郎のサイトにも多少の説明はありますが，技 E ① -E ⑫をみてもらうとわかりますが，それだけでは十分ではありません。また，Google 検索で用いた技も利用する必要があります。

　この技についても，まずは見ないで例をみていってください。

技 E

① 英語 2 語以上の定型部分で，定型は動詞＋目的語＋(前置詞 |to do|doing| 副詞)で，通例主語は省く。平叙文では I，疑問文では you，命令文の場合は please を主語に使ってもよい。

② 英語の be 動詞，助動詞は省く。定冠詞 the は省く（ただし，名詞を省く場合は残す）。(my, your 以外の) 所有格は省く（ただし，例がない場合には my, your も省く）。

③ OR 検索として，|（パイプ）検索を使う。

④ 人を示す目的語は someone に，with ＋人では with one とする。所有格は one's，man は person にする。

⑤ 動詞は原形で検索するか，[make] というように動詞の原形を [ ] で囲むと，makes, made, making などの活用形を含められる。形容詞の場合 [pretty] で prettier, prettiest を，名詞の場合は [book] で単数形・複数形を含められる。

⑥ アスタリスクの代わりに 1 語はさむ場合は |1|，2 語はさむ場合は |2| を使う。目的語のある定型を探す場合は，put~off と ~ を用いる。

⑦ doing 形は *ing を，単数の再帰形は *self を，名詞の複数形および動詞の 3 人称単数現在形は *s を使う。定型を構成する動詞・形容詞・副詞・名詞が明示されている場合，to 不定詞は to のみで，前置詞句は前置詞のみでよいが，明示されていない場合でも，例がなければ to や前置詞のみにする。

⑧　動名詞・to 不定詞・原形不定詞などからの選択では後続する語句は省く。
⑨　O ① O ②に加えて，語と句の OR 検索も可能。
⑩　英語の定型がわからない場合は，英語と日本語を混ぜて検索する。日本語の動詞を使う場合は，その語幹あるいは語尾を使う。
⑪　" "，| |，*ing といった記号は二つ以上は同時に使えない（［　］，|，＿，〜 は除く）。
⑫　否定辞の検索には *n't|*not を使うと短縮形も検索できる。cannot でなく can't を使う。

〔解説〕技 E

①：英辞郎では熟語以外にも定型の例が多く，それで検索することが大事。英辞郎では定型表現を示す場合，主語は省かれている。②：be 動詞，冠詞，所有格，修飾語は例には含まれていないことが多い。③：選択肢がある場合は英辞郎では，Google の場合と同じく，(A OR B) の意味で |（パイプ）を使い，A|B とする。Google では (A OR B) でもよいが，英辞郎では OR は使えない。④：目的語は一般形として someone が使われている。⑤：規則変化する動詞や名詞では辞書が ed や s をつけてくれるので ［　］はつけなくてもよい。ただし，［　］をつけると単語全体が赤になるのでわかりやすい。⑦：*ing とすることで，あらゆる現在分詞と動名詞を含めることが，*self とすると oneself, myself, yourself, himself, herself, itself を含めることができる。

定型を構成する動詞・形容詞が明示されていなければ to 不定詞は動詞も加えてみる。⑧：先行する動詞（句）とのみ関連するため。⑨：語と句の OR 検索は Google と違って英辞郎では OK。⑪：数字が入る場所には，＿の記号も用いられている；＿ days（＿日）。

まず，上で紹介した技の英文和訳での使い方を少し紹介します。

　(i)　address the growing food security problem
　　　　（深刻化しつつある食糧安全保障問題に取り組む）

衣笠（2010: 121）では，(i) の日本語訳を見つける場合の検索語を示しましたが，この場合，E②D②により定冠詞と修飾語を省くと「address problem」が定型になります。また，残りの語句では「food security」「growing problem」も別の定型で，この三つの定型を検索すれば全体の意味がわかることになります。

　(ii)　She encouraged the students to travel abroad.
　　　　（彼女は学生たちに海外旅行するように勧めた）

(ii) では，「encourage + 人 + to 不定詞」が定型になり，E②により定冠詞を省き，E⑦により to 不定詞は to だけにし，「encourage students to」で検索します。例がない場合は，E④により，students を someone にかえて「encourage someone to」で，あるいは E⑥により「encourage~to」で検索します。残った「travel abroad」は，別の定型として検索します。

(iii)　I am feeling better after the operation.
（私は手術後気分がよくなりました）

　(iii) の定型は「be 動詞 + feeling better」ですが，英辞郎ではE②により be 動詞を除き，「feeling better」を定型として検索します。英辞郎では be 動詞は省いて定型にしていることが多いからです。特に過去分詞が続く場合に，それが顕著です。また，残った「after the operation」では，E②により the は省き「after operation」で検索します。辞書ですので，be 動詞や定冠詞 the を含めて，必要な語句は補ってくれるはずです。たとえば，後者では，after the operation だけでなく，after an operation, after operation などの例があり，定冠詞を入れないほうが例を見つけやすいことがわかります。また英辞郎では引用符は使わなくても並べた語順は優先して表示されるので，できるだけ使わないようにします。それは記号が二つ以上あると結果がでない（E⑪）ためと，修飾語がある例を排除してしまうのを避けるためです。

　英辞郎は，いい辞書で例文も多いのですが，辞書に記載してある形で定型や文を探さないと，なかなか求める語句やその意味が見つかりません。したがって，検索する際ははさむというよりも，辞書にある例を見つける作業になります。したがって，技E①-⑫は辞書にある定型や文を見つけるのに必要な技といえます。(順不同になりますが) 第 1 章で検索したものと同じ文を英辞郎ではこの技を踏まえてどう検索すればよいのかを確かめてみたいと思います。また，英文和訳をする際に，どの部分を定型として調べればよいかもわかります。

2.1. 英辞郎で OR 検索を使う技

E③により,英辞郎でも Google と同じく,|(パイプ)を用いれば OR 検索ができます。また,定型表現は動詞を中心としたものが一番多いので,動詞の OR 検索の例からみていきます。

2.1.1. 動詞・助動詞の検索(1)

(1) You will (have, receive, do, take) an entrance exam soon.
(2) a. have|receive|do|take an entrance exam
    b. have|receive|do|take an exam

(1)の定型は,E①②により主語・助動詞は省き,動詞+an entrance exam となるので,(2a)のように|(パイプ)を用いて英辞郎に入力します(take)。辞書の定型では主語・助動詞が省かれて動詞から示していることが多いからです。あるいは,D②により修飾語 entrance は省き,(2b)で検索します(have, take)。日本語訳があるので,take は「試験を受ける」という意味であるのに対し,have は「試験がある」「検査を受ける」という意味で使われることがわかります。

(3) Tom always (makes, keeps, sets) a diary.
(4) a. make|keep|set a diary
    b. [make]|[keep]|[set] a diary

(3)の定型は動詞+a diary なので,(4a)で検索します。E①

により主語は省きます（keep(s)）．例がない場合には，E ⑤により動詞の原形を［　］で囲み（4b）で検索します．

(5)　I'll（go, come, be）there at nine.
(6) a.　go| come| be there at
　　b.　I'll go|come|be there at

(5) の定型は，E ①②により I'll を省いた go|come|be + there at 句で，E ⑦により前置詞句は at のみにした (6a)，あるいは C ②により必要な要素 Q として I'll も含めた (6b) であると見当をつけ，両者を検索します．すると，(6b) も定型としてあり，go では「向かいます」，be では「到着します」という意味になるという説明と例がありました（be）．

(7)　Have you（taken, done, made）your homework yet?
(8) a.　taken|done|made your homework
　　b.　taken|done|made homework
　　c.　take|do|make one's homework

(7) の定型は動詞 + your + homework で，E ①②により主語・助動詞 have を省き，your は残し，(8a) で検索します（done）．例がない場合には，E ②により your を省いて (8b) で検索します．あるいは動詞は原形を用い，E ④により your を one's にして，(8c) で検索します．英辞郎では基本の定型を示す場合，所有格は one's になっているからです．

(9)　I have never（gone, been, went）to America before.

(10) never gone|been|went to

(9) の定型は動詞 + to 句で，E ①②D ②により主語・助動詞 have と before は省き，E ⑦により前置詞句は to のみにし，C ②により never は残し，(10) で検索します。gone の例も 1 例ありましたが，been の例が多数でした (been)。

(11) Make sure to (get, go, take) all your trash back with you.
(12) a. get|go|take back with
     b. get|go|take back with you
     c. get|go|take back with one

(11) の定型は動詞 + back + with 句で，E ⑦により前置詞句は with のみにし，(12a) で検索します。しかし，どの動詞の例もあってよくわかりません。こういう場合は，with you も定型ではと考え，you も加え，(12b) で検索します。あるいは，E ④により you を one にして (12c) で検索します。アメリカではこの場合 trash が一般的なので Google では問題なく検索されましたが，英辞郎では trash でなく garbage の例になっています (take)。文全体の意味を知るには，「make sure to」も定型として検索します。E ⑦により to 不定詞は to までにします。

(13) I (applied, took, got) myself to the challenges of building a new house.
(14) a. apply|take|get oneself to
     b. [apply]|[take]|[get] *self to

(13)の定型は動詞+oneself+to句になるので，E⑦により前置詞toのみにして，(14a)で検索します。候補が複数あるので，意味をみてどちらが適当か考えます(applied)。例がない場合には，E⑦により*selfを用いてoneselfやmyselfなども含められるようにして(14b)で検索します。また，文全体の意味を知るには，「challenges of」「build a house」も定型です。前者ではE②により定冠詞は省き，後者ではD②により形容詞newは省いて検索します。

(15) Cars (enable, make, let) us to travel long distances.
(16) enable|make|let someone to

(15)の定型は，動詞+人+to不定詞で，E④によりusをsomeoneに代え，E⑦によりto不定詞はtoのみにして(16)で検索し，to不定詞の例があるか確認します(enable)。D②により形容詞longを省いた「travel distances」も定型です。

(17) This assignment may be (thrown, put, done) alone.
(18) assignment [throw]|[put]|[do]

(17)は受身文ですが，本来は動詞+目的語assignmentの型だと思われます。そこで，E⑤により動詞には[ ]を用いて，受身文でも能動文でもよいようにし，主語はC①によりthisを省き(18)で検索します(done)。

(19) The water (looks, sees, watches) pretty clear.
(20) a. [look]|[see]|[watch] clear

b. [look]|[see]|[watch] pretty

(19) の定型は動詞＋形容詞で，(20a) になりますが，例はありません。つまり，形容詞 clear の例がないということです。こういう場合は，形容詞を修飾する副詞 pretty を残し，(20b) で検索します。pretty の後に形容詞があれば，その動詞が解となります (looks)。もちろん，pretty は形容詞でもあるので，単独の場合も OK です。「water clear」で検索すれば，clear の意味が「透明な」「澄んだ」であるとわかります (→ 1.2.1 (19), 3.1 (15))。実は，英辞郎では look, watch のような規則変化動詞の場合は [ ] はなくても OK です。というのも，語幹部分が同じなら ed, s, es, ing のついた例も検出してくれるからです。

(21) I wish I (could, will, would) speak English.
(22) I wish I could|will|would speak

(21) の定型は I wish＋I＋助動詞で，speak まで入れて (22) で検索します (could)。D ①により OR 検索に関係しない動詞の目的語は省きます。例がない場合には，動詞 speak も省いて検索し，例をみて判断します。

(23) I (must, should, can) have brought my umbrella.
(24) must|should|can have brought

(23) の定型部分は助動詞＋have brought で，(24) で検索します (should)。助動詞の選択ですが，E ①により主語は省きます。D ①により OR 検索に関係しない動詞の目的語も省きます。

(25) (Can, May) you have a pleasant trip!

(26) a.　can|may you have

　　 b.　"can you have"

　　 c.　"may you have"

　(25)では助動詞＋you have が定型で，(26a)で検索しますと，どちらの助動詞もでてきます。こういう場合は，語順が固定した例のみにするために，引用符をつけて (26b) と (26c) で検索し，日本語訳をみて祈願になっているほうを選びます (May)。「have a pleasant trip」も定型です。引用符は英辞郎内で入れないと結果がでないことがあります。

(27) Smoking is (prohibit, prohibited, prohibiting) by law in the library.

(28) a.　[prohibit] by

　　 b.　prohibit|prohibited|prohibiting by

　(27)の定型は be＋動詞の活用形＋by 句で，E②により be 動詞は省き，O④により by 句は by のみに，E⑤により [ ] を用いた (28a) または｜(パイプ) を用いた (28b) で検索します (prohibited)。

(29) We often hear it (said, says, saying) that Germans are good workers.

(30) "hear it [say] that"

　(29)の定型は hear＋it＋動詞の活用形ですので，E⑤により

[say] とし，O ④により that のみを残し，(30) で検索します (said)。「good worker」も定型です。s は除いて単数形で検索します。E ⑤により名詞の場合も [　] が使えますが，不規則変化をしないなら，辞書が s をつけてくれますので単数形で十分です。

(31)　I was disappointed with the food (providing, provides, provided) at the hotel.

(32)　a.　[provide] at

　　　b.　"[provide] at"

　　　c.　providing|provides|provided at

(31) の定型は名詞＋動詞の活用形＋at 句で，O ④により at 句は at のみにします。辞書ですので，先行する名詞は（ない可能性が高いので）省きます。動詞の活用形が問題なので，E ⑤により [　] を用いた (32a) とすると，例がありすぎました。こういう場合には，引用符で囲み (32b) で検索するか，|（パイプ）を用いた (32c) で検索します (provided)。すると，hot lunch などに provided at が後続する例が出てきます。E ②により be 動詞は省いた「disappointed with」も定型です。

(33)　I want to stay at a hotel (facing, faced, faces) the sea.

(34)　a.　[face] the sea

　　　b.　facing|faced|faces the sea

　　　c.　facing|faced|faces the

(33) の定型は名詞＋動詞の活用形＋名詞句で，O ④により名詞句 the sea は入れますが，辞書ですので先行する名詞は省きま

す。動詞の活用形が問題なので，E⑤により［　］を用いた (34a) または｜(パイプ) を用いた (34b) で検索します (<u>fac-ing</u>)。house などに後続する例があります。例がない場合は，C③により the sea を the のみにして (34c) で検索します。また，「want to」「stay at」も定型です。前者は本来 want + to 不定詞ですが，E⑦により to 不定詞は to のみにします。

(35) She was standing there with her arms (crossing, crossed).
(36) a.　with arms [cross]
　　 b.　with one's arms [cross]

(35) の定型は with one's arms + 動詞の活用形なので，E②により her を省き，E⑤により [cross] とし，(36a) で検索するか，E④により her を one's にして (36b) で検索します (<u>crossed</u>)。また，[cross] に代えて crossing|crossed と OR 検索させてもよいでしょう。

(37)　This pair of scissors (is, are) dull.
(38) a.　pair of scissors is|are
　　 b.　pair of scissors

(37) では，数の一致の問題ですので，C①により主語は this を省き pair of scissors が is と are のどちらに一致しているかを (38a) または (38b) で検索し，例をみて確認します。しかし，(38a) でも (38b) でも動詞の一致の例がありません。この場合は，Google 検索をするしかありません (→ 1.2.1 (39))。

(39) They will (can, be able to) go home within two hours.

(40) "will can"|"will be able to"

(39)では，助動詞が二つ続けられるか否かという問題ですので，O②によりその部分だけを引用符をつけて(40)のように句と句のOR検索をします(be able to)。引用符は英辞郎内でつけるようにします。OR検索にgoも含めたいところですが，辞書ですので例があるか疑問です。

(41) If (it will rain, it rains) tomorrow, I won't go to the park.

(42) a. "if it will rain"|"if it rains"
b. if it will
c. if it *s

(41)では，if節内の内容が問題ですので，C②によりifを残し，D②によりtomorrowは省き，引用符をつけて(42a)で検索します(it rains)。例がない場合は(42b)と(42c)で検索し，例をみて判断します。(42c)はE⑦により*に動詞がくる場合を想定しています。

(43) You should (look up, examine) the word in a dictionary.

(44) "look up"|examine word

(43)では，E⑨によりlook upとexamineのOR検索をし，

E ② により word の冠詞を省いた (44) で検索します (look up)。E ⑨ により語と句の OR 検索は，Google と違って英辞郎では OK です。

(45) I wish I (had, would have) more time to talk with you.
(46) a. I wish I had|"would have"
b. I wish I had|"would have" time
c. I wish I would
d. I wish I

(45) では，C ② により I wish という決まり文句はそのままにし，E ⑨ により語と句の OR 検索を使った (46a) あるいは time を残した (46b) で検索します (had)。例がない場合には (46c)，(46d) で検索して判断します。

(47) Mr. Smith (rolls up, puts on) his sleeves on a hot day.
(48) a. "roll up"|"put on" sleeves
b. "roll up"|"put on" one's sleeves
c. roll|put up|on sleeves

(47) の定型は動詞句 + one's sleeves で，D ② により文末の on 句は省き，roll up と put on という部分を引用符で囲んだ句と句の OR 検索をし，sleeves はその外に置き，E ② により his は省いた (48a) あるいは E ④ により his を one's にした (48b) で検索します (rolls up)。(48c) は，1.5 節で行ったのと同じように，roll と put の OR 検索と up と on の OR 検索を連続させ

たもので，roll up, roll on, put up, put on の四つの可能性がありますが，目的の語句を調べるという意味では問題ありません。「on a hot day」も定型です。

(49) As it (happens, occurs, takes place), I attended the ceremony yesterday.

(50) a. as it [happen]|[occur]|[take]
    b. as it happens|occurs|"takes place"

(49) の定型は as it+動詞句ですので，主語はそのまま用い，E⑤により三つの動詞を [ ] で囲んで並べ，(50a) で検索します (happens)。辞書ですので takes place が正解ならば place は埋めてくれると考えます。E⑨により，語と句の OR 検索を用いた (50b) で検索してもいいでしょう。

(51) On the train he (spends, continues, spends on, continues on) most of the time reading a book.

(52) [spend]|[continue] time *ing

(51) の定型は動詞句+(on)+doing で，D②により on the train, on, most of を省き，E②により the は省き，E⑦により reading は *ing にし，動詞は [ ] を用いて，(52) で検索します (spends)。on は必要ならば辞書が埋めてくれます。

(53) We (are opening, is having, are throwing) a birthday party next Sunday!

(54) a. [open]|[throw]|[have] a party

b. "we are|is"

(53)の定型は動詞＋a partyですので，動詞はE⑤により[　]で囲み，(54a)でどの動詞が適切か検索します(throw, have)。D②によりbirthdayは省きます。それに(54b)で主語とbe動詞の数の一致の例をみて判断します(are throwing)。

(55) It (had been, has been, was) raining for an hour when I left the office.
(56) a. [be] raining for hour
　　 b. when I left

(55)の定型は「be動詞＋raining＋for hour」で，hourは複数も含められるので，単数のままにして(56a)で検索します。すると，has beenの例のみありました。時制の知識があれば，ここでhasなのかhadなのかがわかりますが，わからない場合は(56b)で検索して，検出された例文の主節の時制をみてみるということが考えられます(had been)。あるいは，Google検索をしてみます(→1.4.1 (13))。

(57) Ben had his daughter (taken care of, take care of, taken care, take care) by his parents while he traveled abroad.
(58) [have] someone [take] care by

(57)の定型はhave＋人＋動詞句＋byですので，E④により目的語をsomeoneにし，[have]と[take]を使って，(58)で

検索しますが,例はありません。この場合も Google 検索する (→ 1.4.1 (15)) か,翻訳サイトを使ってみます (→ 3.1 (40))。

(59) If he (had studied, studied, would have studied) harder, he would have passed the examination.
(60) a. If I had *ed|*n I would have
   b. If I *ed I would have
   c. If I would have I would have

(59) の定型は,「study hard」と E②により the を省いた「pass examination」ですので,意味はわかりますが,仮定法の問題がかかわっているために,英辞郎だけで答えを見つけることはできません。平叙文なので E①により主語を I にし,過去分詞の語尾 *ed|*n と過去形の語尾 -ed を使い,(60a-c) のような構造で検索します。しかし,(60c) では例がありませんので,これは除外されることがわかります。例をみていくと had studied と同じ構文がいくつかあることに気づくかもしれません。主節が would have + 過去分詞である場合,if 節は通例 had + 過去分詞になります (had studied)。こういう場合は,Google 検索のほうが見つかる可能性が高いと言えます (→ 1.3.1 (36))。また,構文にかかわることは,第3節で扱う翻訳サイトが意外に役に立つことがあります (→ 3.1 (46))。

以上でみたように,どの動詞が適切かを知りたいときも日本語の意味を知りたいときも,定型を見つけることがポイントであることがわかります。定型をうまく見つけるためには E①-⑫の技を知っておくべきです。特に,英辞郎では | (パイプ),*ing や

［　］が使えるために，検索には威力を発揮してくれることがわかります。また，｜（パイプ），*ing，［　］は 2.3 節で紹介する COCA，BNC でも使えます。

2.1.2. 動詞・助動詞の検索 (2)

では，原形不定詞と to 不定詞との選択の場合はどうでしょうか。OR 検索するべきでしょうか。

（1）　I have never seen him（swim, to swim）in this river.
（2） a.　[see] someone swim|"to swim"
　　 b.　[see] swim|"to swim"
　　 c.　[see] swim
　　 d.　[see] someone
　　 e.　[see] someone to

（1）の定型は see＋人＋（原形不定詞｜to 不定詞）ですので，swim の例があるのならば E ⑨により語と句の OR 検索ができます。E ①により主語は省き，E ⑤により [see] にし，E ④により him を someone にし，D ② E ⑧により in 句は省いた（2a）で，もしくは someone も省いた（2b）で検索する方法があります。しかし，もっと簡単にする方法があります。それは OR 検索をしないで，単に swim だけを用いた（2c）です。to は辞書ですので必要ならば埋めてくれるはずです。（2a）では swimming の例が，（2b）では swim と swimming の例がありましたが，（2c）でも swim と swimming の例がありました（swim）。英辞郎では swimming も swim も語幹が同じ swim なので検索して

くれます。しかし，辞書ですので，その動詞がない可能性も十分あります。その場合は（2d）と（2e）で検索し，直後にある語句をみていって判断します。あるいは，COCAを使って調べます（→ 2.3.2 (18)）。

(3) We had better (hurry, to hurry). The movie's starting.

(4) a. had better hurry　　b. had better
    c. had better to

(3)の定型はhad better +（原形不定詞｜to不定詞）で，(1)の場合と同じように，(4a)で検索します。E①により主語は省きます。しかし，例がありませんので，(4b)と(4c)で検索し，直後にある語句をみて判断します。(4c)の場合もtoはbetter直後にはなく，better直後には動詞が並んでいることから，toのない形が正解だとわかります（hurry）。

(5) I was made (clean, to clean) my room.

(6) a. made clean　　b. [be] made　　c. "made to"

(5)では人 + be動詞 + made +（原形不定詞｜to不定詞）の型ですが，E①②により主語・be動詞を，E⑧により目的語を省き，(6a)で検索します。toが必要ならば辞書がtoを埋めてくれると考えます。しかし，この型の例はありませんでした。そこで，(6b)と(6c)で検索します。(6b)ではcleanを省くとmadeしか残らないのでbe動詞をもどし，(6c)ではtoを加え，引用符をつけて検索します。主語が人の場合であり，直後に動詞

が後続している例を探します（to clean）。

では，動名詞と不定詞の選択の場合はどうでしょうか。

(7)　My hobby is (to collect, collecting) stamps.
(8) a.　hobby is [collect]　　b.　hobby is *ing
　　c.　hobby is to　　　　　d.　hobby is *ing|to

この場合も，考え方は原形不定詞と to 不定詞の選択の場合と同じです。(7) の定型は hobby is ＋ (原形不定詞 |to 不定詞) となります。C ①により my は省き，E ⑧により stamps は省き，(8a) で検索します。E ⑤により [collect] とします。[ ] をつけなくても ing 形が正しければ辞書がつけてくれますが，つけると単語全体が赤くなるので見やすくなります。to 不定詞が正しければ辞書が to を埋めてくれます。しかし，(8a) では例がありません。こういう場合，動名詞の場合は E ⑦により *ing を用いた (8b) で，to 不定詞の場合は to を残した (8c) で検索します。実は，(8d) で検索すれば例が少ないので両方の例を一度に検索できますが，例が多い場合はわかりにくいので，通例 (8b, c) のように二つに分けて検索します。動名詞 *ing の例が 3 例ありましたが，to 不定詞の例はありませんでした（collecting）。「collect stamps」も定型です。

(9)　Would you mind (opening, to open) the window?
(10) a.　you mind [open]　　b.　you mind *ing
　　 c.　you mind to

(9) の定型は you ＋ mind ＋ (動名詞 |to 不定詞) です。疑問文

なのでE①よりyouは残し、E⑧によりthe windowは省き、E⑤により［open］にして（10a）で検索します（opening）。toがいる場合は辞書が埋めてくれます。例がない場合には，（10b）または（10c）で検索して判断します。また、（10b）に引用符をつけると記号が二つになり，E⑪により結果がでません。E②により定冠詞を省いた「open window」も定型です。

(11)　Don't forget (calling, to call) me tomorrow.
(12) a.　don't forget [call]　　b.　don't forget *ing
　　 c.　don't forget to

（11）の定型はforget＋（動名詞｜to不定詞）で，（12a）で検索します。C②によりdon'tは意味的に必要なので残し，E⑧によりme以下は省き，E⑤により［call］にして（12a）で検索します（to call）。（12a）にtoはありませんが，辞書が埋めてくれました。例がない場合には，（12b）と（12c）で検索して判断します。

(13)　I quit (smoking, to smoke) last week.
(14) a.　quit [smoke]　　b.　quit *ing　　c.　quit to

（13）の定型はquit＋（動名詞｜to不定詞）で，主語は省き，E⑧によりlast weekは省き，E⑤により［smoke］にして（14a）で検索します（smoking）。to不定詞が正しいなら，辞書ですのでtoを埋めてくれるはずです。例がない場合には（14b）と（14c）とで検索してみます。

(15)　This movie is worth (seeing, to see).
(16) a.　worth [see]　　b.　worth *ing　　c.　worth to

(15) の定型は be 動詞 + worth + (動名詞 | to 不定詞) で，E ②により be 動詞は省き，E ⑤により [see] にして (16a) で検索します (seeing)。例がない場合には (16b) と (16c) で検索して判断します。

(17)　I'm very sad (hearing, to hear) the news.
(18) a.　sad [hear]　　b.　sad *ing　　c.　sad to

(17) の定型は be 動詞 + sad + (動名詞 | to 不定詞) で，E ②により be 動詞は省き，D ②により very は省き，E ⑧により目的語 the news は省き，E ⑤により [hear] にして (18a) で検索します (to hear)。(18a) に to はありませんが，辞書が埋めてくれました。例がない場合は，(18b) と (18c) で検索します。E ②により定冠詞を省いた「hear news」も定型です。

(19)　She is busy (doing, to do) the dishes.
(20) a.　busy [do]　　b.　busy *ing　　c.　busy to

(19) の定型も be 動詞 + busy + (動名詞 | to 不定詞) で，E ②により be 動詞は省き，E ⑧により目的語 the dishes は省き，E ⑤により [do] にして (20a) で検索します (doing)。例がない場合は，(20b) と (20c) で検索し判断します。

(21)　Can you hear the birds (singing, to sing, to be singing)?

(鳥が鳴いている声が聞こえますか)

(22) a. hear someone [sing]　　b. hear [sing]
　　 c. hear someone *ing　　　d. hear someone to
　　 e. hear |2| *ing　　　　　 f. hear bird

(21) では、hear + 人・動物 + (現在分詞 | to 不定詞) ですので、E⑤により [sing] にし、E④により bird を someone にした (22a)、または目的語を省いた (22b) で検索します (singing)。*ing と to との対比としては (22c) と (22d) で比べるという方法もあります。E⑥により hear と *ing を 2 語ではさみ (22e) で検索する方法も考えられますが、E⑪により記号を二つ使うために結果は出ません。例がない場合には、bird は単数にして (22f) で検索し、例をみていきます。

(23) I'm looking forward to (hear, hearing) from you soon.
(24) a. looking forward to [hear]
　　 b. looking forward to *ing

(23) の定型は、be 動詞 + looking forward to + (不定詞 | 動名詞) です。この場合、E②⑧により be 動詞と from 以下は省き、E⑤により [hear] にして (24a) で検索します (hearing)。例がない場合には、E⑦により *ing を用いて (24b) で検索します。*ing 形があれば hearing が正しいし、なければ hear が正しいことになります。「hear from you」も定型ですが、E④により「hear from someone」として検索します。

(25) The man denied (steal, stealing, to steal) the car.
(26) a. [deny] [steal]　　b. [deny] *ing
　　 c. [deny] to

(25)の定型はdeny+原形不定詞などですので，主語は省き，E⑧によりthe carは省き，E⑤によりdenyとstealに[ ]を用いて，(26a)で検索します(stealing)。例がない場合には，(26b)と(26c)で検索してみます。

(27) I could not help (laugh, laughing, to laugh) at his funny face.
(28) a. not help [laugh]　　b. *n't|*not help [laugh]

(27)の定型はcannot+help+原形不定詞などですのでnotを残し，E⑧によりat句は省き，E⑤により[laugh]にして(28a)で検索します。toが必要ならば辞書が補ってくれるはずです。しかし，例がありません。こういう場合は，E⑫により短縮形が検索できるように*n't|*notを用いて(28b)で検索します(laughing)。するとcan't, cannot, couldn'tの例がありました。cannotでは「can'tを見よ」となっていますので，英辞郎ではcan'tを使う必要があります。例がない場合には，(28b)から[laugh]を省いて例をみていきます。

(29) I felt someone (touch, touches, to touch) me on the shoulder.
(30) [feel] someone touch

(29) の定型は feel + 人 + 原形不定詞などで, E ①により主語は省き, E ⑧により me 以下は省き, E ⑤により不規則変化動詞の feel には [ ] を用い, (30) で検索します (touch)。to が必要ならば辞書が埋めてくれるはずですし, [ ] がなくても touches が正しいならば辞書が es を追加してくれるはずです。

2.1.3. 動詞以外の検索 (1)

(1) Sue is (terrible, awful, horrible) at skiing.
 (スーはスキーが下手です)

(2) terrible|awful|horrible at

(1) では, be 動詞 + 形容詞 + at 句が定型で, E ②により be 動詞は省き, E ⑦により前置詞句は at のみにして, (2) で検索します (terrible)。

(3) It is (rude, sorry, angry) to throw a stone at the woman.

(4) It is rude|sorry|angry to

(3) は, C ①により, it is + 形容詞 + to 不定詞の構文なので主語 it は省略しません。E ⑦により to 不定詞は to のみにして, (4) で検索し, to 不定詞の例があるか確かめます (rude)。「throw a stone」も定型ですので, 二つの定型がわかれば全体の意味も判明します。

(5) All photos are (available, disagreeable, comfortable)

in a variety of sizes.

(6) a.　available|disagreeable|comfortable in
    b.　available|disagreeable|comfortable in size

(5) の定型は be + 形容詞 + in 句で，E ②により be 動詞を省き，E ⑦により前置詞句は in のみにし，(6a) で検索します。しかし，候補が複数あるので D ②により a variety of を省き，sizes は単数にして (6b) で検索します (available)。また，「a variety of sizes」も定型です。

(7)　I have (great, big, large) respect for her judgment.
(8) a.　have great|big|large respect
    b.　have great|big|large respect for

(7) の定型は have + 形容詞 + respect で，形容詞の後は名詞までにして，(8a) で検索します (great)。for 句を入れる場合は E ⑦により for のみを入れ，(8b) で検索します。

(9)　Some people find it (interesting, interested) to learn two languages at the same time.
(10) a.　[find] it interesting|interested to
     b.　[find] it {1} to
     c.　it interesting|interested to

(9) では find it + 形容詞 + to 不定詞の構文ですので，E ⑦により to 不定詞は to のみにして (10a) で検索します。あるいは形容詞の部分を E ⑥により {1} にして，(10b) で検索します。

(10a) では例がありませんでしたが，(10b) では |1| に形容詞が入っている例があり，この構文の存在が確認できます。さらに，(10c) で後半部分を検索します (interesting)。

(11) Women smokers die (of, by, at) a heart attack caused by smoking.
(12) die of|by|at a heart attack

(11) の定型は die + 前置詞 + 名詞句で，D ② により caused 以下を省き，(12) で検索します (of)。「caused by」も定型です。

(13) I will call you back (at, in, to) five minutes.
(14) call you back at|in|to minute

(13) の定型は，動詞から前置詞までで，D ② により数字は省き，minutes は単数にして (14) で検索します。数字は辞書ですので，何らかの数字を埋めてくれるはずですし，複数形ならば s も補ってくれます (in)。もし例がない場合には minute を省き，例をみて判断します。

(15) The spot is best known (for, at, among) its hot springs.
(16) best known for|at|among

(15) の定型は be 動詞 + best known + 前置詞句で，E ② により be 動詞は省き，前置詞句は形容詞と定型をなしているので E ⑦ により前置詞のみにし，(16) で検索します (for)。後続する名詞の例と訳をみて判断します。「hot springs」も定型です。

(17) What's the situation (on, with, like) in Canada?
(18) a.　what's the situation on|with|like in
　　 b.　what's the ｛1｝ on|with|like in

　(17) の定型は what's から on|with|like + in 句なので，E ⑦により in 句は in のみにして，(18a) で検索すると，例はありませんでした。situation 以外の語を含めるため E ⑥により ｛1｝ を使って (18b) とすると climate などの例があります (like)。アポストロフィは英辞郎内で入れるようにします。

(19)　I (almost, nearly) missed my flight.
(20)　almost|nearly [miss]

　(19) の定型は副詞 + miss で，(20) で検索し，flight あるいはその類例を探します。例からは almost が答えではないかと思われますが，almost の例は 1 例なのではっきりしません。こういう場合は Google 検索をします (→ 1.2.2 (19))。ちなみに，アメリカ英語コーパス COCA では，「almost|nearly [miss] * flight」で検索すると almost 4 件，nearly 1 件でした。

(21)　Tom always exaggerates. You should take his words with a grain of (pepper, salt, spice).
(22)　with a grain of pepper|salt|spice

　(21) の定型は with a grain of + 名詞という前置詞句を構成する部分で，このまま (22) で検索します (salt)。「take word」も定型です。words は単数形にしておくと word，words の両方が

検索できます。

(23) You have a (plenty, variety) of books.
(24) a.　a plenty|variety of books
　　　b.　a plenty|variety of *s

(23) の定型は a + 名詞 + of books という名詞句を構成する部分で，このまま (24a) で検索します (variety)。例がない場合は，E⑦により *s を用いて名詞の複数形なら何でもいいようにして (24b) で検索します。

(25) (One, Most, Almost) of the students were against the plan.
(26) a.　one|most|almost of students were
　　　b.　one|most|almost of *s were

(25) では，名詞を構成する部分 (主部) と，動詞との数の一致の問題ですので，S を N (one など) + 前置詞句 (of the students) とし，were を後置させ，E②により定冠詞 the を省き，(26a) で検索します。例がない場合は，E⑦により students を *s にして名詞の複数形なら何でもいいようにして，(26b) で検索します (most)。almost の場合は all が後続する例があり，almost all となる必要があることがわかります。E②により the を省いた「against plan」も定型です。

(27) Drivers (unfamiliar, unconscious, unknown) with the road are likely to take the turns too wide.

(28) unfamiliar|unconscious|unknown with

(27) の定型は形容詞 + with 句で，E ⑦により with のみ残し，(28) で検索します。前に名詞がきている例を探し，意味を確認します (unfamiliar)。「likely to」「take turn」も定型です。turns は単数形にしておきます。

(29) We were (disappointed, worried, exciting) to learn that the game was canceled today.
(30) disappointed|worried|exciting to

(29) の定型は be 動詞 + 形容詞 + to 不定詞で，E ②により be 動詞を省き，E ⑦により to 不定詞を to とし，(30) で検索します。to 不定詞が後続する例をみて判断します (disappointed)。「learn that」も定型です。

(31) Laura won the beauty contest hands (down, up, in, out).
(32) [win] hands down|up|in|out

(31) の定型は win + hands + 副詞で，E ⑤により [win] とし，(32) で検索します (down)。辞書ですので，contest が目的語の例はありませんでした。「beauty contest」も定型です。

(33) Look at the stars! They are (so, such, many) beautiful.
(34) [be] so|such|many beautiful

(33) についても，E①により主語は省きますが，叙述用法の形容詞にかかる語を調べる例なので，be 動詞は残し，E⑤により [be] とし，(34) で検索します。beautiful で文が切れている例を探します (so)。many, such の場合は，名詞が後続していますし，such では a が beautiful の前にあります。

(35) The teacher gave (a little time us, us a little time) to think about the question.
(36) a. give "a little time someone"|"someone a little time" to
　　b. give a little time someone to
　　c. give time someone to

(35) では，E④により us は someone にし，E⑦により to 不定詞は to にして OR 検索を用いた (36a) で検索をしたくなりますが，語順は辞書が決めてくれますので，(36b) で検索するだけで十分です (us a little time)。例がない場合は，D②により a little は省き (36c) で検索します。someone を使うときは基本形になるので give を [give] としなくてよいでしょう。

(37) While I had a conversation with him, he asked (me, me of, me with) my age.
(38) a. ask someone my age　　b. ask someone age

(37) の定型は ask + 人 + 語句ですので，E①により主語は省き，E④により me を someone にし，of と with は省いて，(38a) で検索します。辞書ですので of と with は必要ならば埋め

てくれると考え，OR 検索は用いません。例がないので，E②により my も省いて (38b) で検索します (me)。「have a conversation with」も定型です。

(39) I can't believe (that, which, what) you say.
(40) *n't|*not believe that|which|what say

(39) では，E①②により主語+助動詞は省き，V を believe とし，C②により従属節の主語と動詞を入れて検索しますが，主語は you かどうかわかりませんので，say だけを入れ，E⑫により can't などの否定辞が含められるように (40) で検索します。he と someone が主語の例がありました (what)。

(41) I was taking a shower (when, as, what) Mary called.
(42) a. I was *ing when|as|what
   b. when|as|what he|she called
   c. when|as|what {1} called

(41) では進行形+when|as|what が定型と考えて，(42a) で検索します。さらに，C③により Mary を代名詞 he|she にし，C②により動詞を残して (42b) で検索するか，主語を E⑥により {1} にして (42c) で検索して例をみて判断します (when)。また，「take a shower」も定型ですので，両方合わせて意味が通るか判断します。念のために，Google 検索もしてみます (→ 1.2.2 (37))。

(43) The tennis match was canceled (because of, in spite

of) the snow.

(44) a.　canceled "because of"|"in spite of"
　　　b.　canceled because|in of|spite

　(43) の定型は canceled + because of あるいは in spite of ですが，E②により be 動詞は省き，句と句の OR 検索を用いて (44a) で検索するか，語と語の OR 検索を二つ用いて (44b) で検索します。in spite of の 3 語うち 1 語は無視しても，辞書ですので残りの 1 語は埋めてくれるはずです (because of)。ただし，例によっては in spite of でもいい場合もありますので，the snow の例がない場合は，意味を確認する必要があります。「tennis match」も定型です。

(45)　The soccer game was shown on a big screen in front of (a large, a lot of, many, much) audience.
(46) a.　"a large audience"|"a lot of audience"|"many|much audience"
　　　b.　"a large"|"a lot of"|many|much audience

　(45) では，E⑨により句と語の OR 検索を組み合わせた (46a) もしくは語と句の OR 検索を用いた (46b) で検索します (a large)。両者は audience をすべて引用符の中に入れるのか否かの違いになっています。「soccer game」「on a screen」も定型です。

(47)　I never got (many, much, a lot of) information about it.

(48) a. never many|much|"a lot of" information
　　 b. *n't|*not many|much|"a lot of" information

(47) では，C②により never は残し，語と句の OR 検索を用いた（48a）で検索しますが，例はありません。否定辞は大事な要素なので，E⑫により *n't|*not を用いて（48b）で検索して判断します（much）。

(49)　Canada is (more large, larger, largest) than Japan.
(50)　[large] than

(49) では，E②により be 動詞を省き，E⑤により形容詞を [ ] で囲み，(50) で検索します（larger）。辞書なので，more が必要ならば more を埋めてくれるはずです。たとえば，(50) で [large] を [beautiful] にすると，more beautiful than の例がありました。

2.1.4. 動詞以外の検索 (2)

英辞郎で冠詞を調べることは，それほど難しいことではありません。

(1)　You have (the, a) wrong number.
(2) a.　have wrong number
　　 b.　have the|a wrong number

(1) の定型は have + 冠詞 + wrong number ですが，冠詞は省き，(2a) で検索します。辞書ですので正しい冠詞は辞書が埋め

てくれるからです (the)。もちろん，OR 検索を用いた (2b) も可能です。

(3) We want to live (happy, a happy) life.
(4) a. [live] happy life　　b. live happy life
　　c. "live happy life" | "live a happy life"
(5) I had (a great, great) time yesterday.
(6) a. [have] great time　　b. have great time
(7) She has made (remarkable, a remarkable) progress in her English.
(8) a. [make] remarkable progress
　　b. make remarkable progress

(3)，(5)，(7) でも同じで，定型部分は live + (冠詞) + happy life，have + (冠詞) + great time，make + (冠詞) + remarkable progress ですので，それぞれ (4)，(6)，(8) の (a) か (b) で検索するだけで十分です。辞書ですので，定冠詞 a がいるとなれば a を埋めてくれるし，いらなければ埋めてくれません ((3) a happy; (5) a great; (7) remarkable)。もちろん，(4c) のように句と句（節と節）の OR 検索する方法もありますが，(a) か (b) のようにするほうが簡単です。

(9) (Man, A man) cannot live without water.
(10) man cannot live
(11) (Air, The air) pollution is a big problem.
(12) air pollution is

(9), (11) でも, 冠詞を除いて動詞を後続させて例に冠詞がついているかどうかを (10), (12) で検索して確かめます ((9) Man; (11) Air)。ただし, (9) ではことわざや格言の例であるかも判断の材料とします。

(13) (Urgent, An urgent) action was needed to save the building.
(14) a.　urgent action [be]　　b.　urgent action

(13) では, (11) の場合と同じように, (14a) が候補になりますが, 適切な例がありません。(14b) で検索し, 冠詞がつくか否かがわかる例を探します。動詞の目的語の例がありました (Urgent)。COCA コーパスでは「* urgent action [be]」とアステリスクを入れて検索します。* には an でない例 (コンマ, when, unless, that) が並びました。

(15)　What's on (TV, the TV) tonight?
(16) a.　what's on TV　　b.　"on TV"|"on the TV"

(15) では, 定型は What's on + (冠詞) + TV ですので, 定冠詞は辞書が埋めてくれると考え, (16a) で検索します (TV)。例がない場合には, 例を絞るために引用符で囲み, (16b) のように句と句の OR 検索をして判断します。

(17)　I was (in hospital, in the hospital) for a month.
(18) a.　in hospital for
　　　b.　"in hospital"|"in the hospital" for

(17) でも be + in + (冠詞) + hospital が定型ですが，期間を示す for 句も定型の一部と考え E ⑦により for のみを入れ，E ②により be 動詞は省いて，(18a) で検索するか，句と句の OR 検索を用いて (18b) で検索するかします。引用符は，英辞郎内で入力しないと結果がでないことがあるので，注意が必要です。すると，the のない例もある例もありました。こういう場合は，英和辞典などで理由を確認するか，Google 検索します（→ 1.3.2(27)）。

(19) The train was delayed because of (bad weather, the bad weather).

(20) a. because of bad weather　　b. bad weather

(19) では，(20a) のように引用符をつけないで入力すると the の有無が検索できます。辞書ですので the がいるときは埋めてくれるからです。例がない場合には (20b) で検索し，例をみていきます。(20a) では the bad weather の例のみが 2 例ありました。結果に不安がある場合には，Google 検索もしくは COCA・BNC 検索をします（→ 1.3.2 (24)）。

(21) (In spite of, With all, Because of) the rain, Ben went out.

(22) "In spite of" | "With all" | "Because of" the rain

(21) では，句と句の OR 検索を用いて (22) で検索します。候補が複数あるので，意味を考えてどれが適切か判断します（<u>in spite of</u>）。「<u>go out</u>」も定型です。

(23)　I was talked (about, to, away from, out of) buying a big car by my sister.
(24)　a　talk someone about|to|"away from"|"out of" *ing
　　　b　"talk someone" about|to|"away from"|"out of" *ing

(23)では，受身文ですので，辞書では能動文と考え，Ｅ④によりsomeoneを入れてＥ⑨により語と句のOR検索を用い，(24a)で検索します(out of)。例が多いときは，talk someoneの部分を引用符を用いて固定し，(24b)で検索します。

(25)　My father held me by (hand, a hand, the hand).
(26)　hold someone hand

(25)では，OR検索を用いることも可能ですが，Ｅ①により主語は省き，Ｅ④によりmeはsomeoneにし，(26)で検索します(the hand)。冠詞はあえて入れないで，辞書にまかせます。someoneを使うので，Ｅ⑤による［　］は使いません。

前置詞の有無の場合も，英辞郎ではあえて前置詞を入れないで検索するほうが簡単です。

(27)　I have no idea (on, of, about, ×) what to do.
(28)　[have] no idea what

(27)では，前置詞は辞書ですので埋めてくれると考え，Ｅ⑤により［have］とし，(28)で検索します(×)。Ｃ③により，目的語の先頭の語whatのみを残します。

(29) I arrived (×, at) the hospital ten minutes ago.
(30) a. [arrive] hospital   b. [arrive] the
     c. "[arrive] at"|[arrive]

 (29) では，arrive と arrive at の選択になり，E①により主語は省き，D②により ten minutes ago を省きます。E⑤により [ ] を用い，E②により定冠詞を省いて (30a) で検索します (at)。例がない場合には，C③により逆に hospital を省き the を残し，(30b) で検索します。辞書ですので前置詞がいるのならば埋めてくれます。(30c) のように，語と句の OR 検索をして例をみていく方法もあります。

(31) We discussed (about, ×) the problem.
     (私たちはその問題を議論した)
(32) a. [discuss] the problem   b. [discuss] the

 (31) でも，E①により主語は省き，E⑤により [ ] を用いて (32a) で検索します (×)。about が必要ならば辞書なので埋めてくれるはずです。例がない場合には，C③により problem を省き the を残して (32b) で検索します。もちろん，(30) の arrive や (32) の discuss は規則変化動詞ですので [ ] はつけなくてもかまいません。

(33) She went (out of, from) the room.
(34) a. [go] "out of"|from room   b. [go] out of room
     c. [go] from room

(33) では，went out of と went from の選択になり，E①により主語は省き，E⑨により語と句の OR 検索とし，E⑤により [ ] を用い，E②により冠詞を省き，room は OR 検索の外に置いて，(34a) で検索します (out of)。引用符をつけるのが面倒という場合は，(34b) と (34c) で検索します。from の例も 2 例ありますが，go from A to B あるいは go＋副詞＋from A の例であり，to B（行き先）にあたる語が必要です。

(35) He is (tall enough, enough tall) to reach the ceiling.
(36) a. "tall enough to"|"enough tall to"
　　 b. tall|enough tall|enough to
　　 c. tall enough to

(35) では，句と句の OR 検索を使って (36a) でもよいし，語と語の OR 検索を使って (36b) でもよいでしょう (tall enough)。しかし，辞書ですので (36c) で十分です。辞書が語順を正しくしてくれます。「reach ceiling」も定型です。

形容詞の語順も，語と語または句と句の OR 検索を用いると簡単に調べることができます。

(37) a (beautiful big, big beautiful) woman
(38) a. beautiful|big beautiful|big
　　 b. beautiful big

(37) では，辞書なのでどういう名詞が後続しているかわからないので，(38a) あるいは (38b) で検索します (big beautiful)。辞書が語順を正しくしてくれます。例が少ない場合は，Google

検索してみます（→ 1.5 (9)）。

(39)　She looked at me with her（blue big, big blue）eyes.
(40)　a.　blue big eyes　　b.　blue big

　(39)の問題となる部分はblueとbigの語順ですので，(40a)で検索してみます。辞書が語順を正しくしてくれるはずです。しかし，例はありませんでした。そこで，eyesと関係なく両者の語順がどうなるかを(40b)で検索して判断します（big blue）。わからない場合は，Google検索（→ 1.5 (26)）やCOCA検索（→ 2.3.2 (8)）をしてみます。

　こうしてみてくると，Google検索で扱ったもので，英辞郎でも扱えるのは定型部分がはっきりする場合ということになり，英辞郎では定型部分を見つける必要があります。しかし，英辞郎では定型部分がわかれば日本語訳もあるので，英文和訳をするときにも大いに役に立ちます。

2.2.　英辞郎で空所の語を調べる

2.2.1.　動詞以外を調べる

　Googleと違って，英辞郎では，アステリスクを使えないので，はさむということはできません。したがって，E①により，動詞以外の語句を調べるには動詞＋語句で定型の部分を見つけて検索します。辞書ですので定型すべてを埋めておく必要はなく，残りは辞書が埋めてくれます。日本語が想像できれば，英語と日本語を混ぜて検索しますが，それにはE⑩により動詞の語幹か

語尾を使う必要があります。

　動詞以外では，主語を省き，動詞を残して定型部分を見つける場合と，動詞も省いて名詞部分だけで定型を見つける場合とがあります。

(1) You should take (　) your shoes.
　　（靴を ... べきです）
(2) a. take your shoes　　b. take one's shoes
(3) Be sure to put (　) the light before you leave.
(4) put light

(1) の定型は take 以下とし，E②④により所有格 your はそのまま使うか one's にするかなので，(2a) または (2b) を定型として検索します（off）。(3) の定型は put 以下とし，E②により定冠詞は省き，(4) として検索します（off, on, out）。例をみて適切な語を判断します（off, out）。あるいは，Google 検索して確かめます（→ 1.1.2 (3)）。

(5) It is very (　) of you to say so.
(6) a. it is of you to say　　b. it is of you to

(5) では，C①により it is はそのまま残し，D②により very を省き，E⑦により定型を明示する形容詞がないので to say so は to say にした (6a) で検索しますが，例はありません。そこで，to だけにして (6b) で検索します（kind, childish, considerate, generous）。候補が複数あるので，意味をみて判断します。

(7) She was standing there (　　) tears in her eyes.
(8) tears in one's eyes

(7)では（　）以下が問題なので，動詞部分は省き，E④により所有格 her を one's にして，(8)を定型として検索し，例をみていきます (with)。

(9) Andy will see you (　　) at the airport.
(10) see someone {1} at

(9)では，see 以下が定型ですが，E④により you は someone にし，E⑥により {1} を用い，E⑦により at 句は at のみにした (10) で検索します (off)。

(11) I ran the (　　) of losing everything.
(12) a. run the of *ing　　b. run the {1} of *ing

(11)では，run 以下が定型ですが，E②により名詞がない場合なので the は残し，E⑦により doing 形は *ing にして，(12a)で検索します。losing の例がないか探します (risk)。なお，(12b)では，E⑪により {1} と *ing とで記号が2種類あるため結果がでません。

(13) They go to school (　　) bus.
(14) a. go to school bus　　b. go bus
(15) Mr. Smith will be back (　　) five minutes.
(16) a. be back minute　　b. be back

(13) のように前置詞を検索する場合は，go 以下を残し，E ①により主語は省いた (14a)，もしくは D ②により to school は省いた (14b) が定型です。前置詞は辞書が埋めてくれます (by)。(15) でも be 動詞から minutes までが定型ですので，名詞は単数にして，(16a) で検索します (in)。例がない場合は，(16b) で検索して例をみていきます。

(17)　Ben bought a (　　) of pants at the store.
(18)　a.　a of pants　　　b.　a {1} of pants
(19)　You need to find the key (　　) the front door.
(20)　key door

(17) では a 以下が問題なので，動詞は省き，a と前置詞句 (of pants) を用いた (18a) または (18b) で検索します (pair)。E ②により定冠詞を省いた「at store」も定型です。(19) でも E ②により定冠詞は省き，D ②により front も省き，名詞部分だけ残した (20) で検索します。例の多い Google 検索と違い，動詞まで含めて検索するのは難しいと考えます (to)。

(21)　I know the man (　　) is standing near the gate.
(22) a.　person is *ing　　b.　person {1} is *ing

(21) では，動詞 know は省き，E ②により定冠詞を省き，E ④により man は person にし，E ⑦により standing は *ing にして，(22a) を定型として検索し，person と is の間に語のある例を探します (who)。(22b) では，E ⑪により記号が 2 種類になり，結果がでません。

(23) It is five years (   ) I saw you last.
(24) a. it is year I saw   b. it is {1} year|years

　(23) の定型は，C①により it is はそのまま残し，C②により従属節の主語と動詞を残した (24a) ですが，例はありません。(24b) で検索して例を探します (since)。なお，E⑥により ¦ ¦ の記号を使う場合は，year は複数形も検出してくれないので，両方を入れておく必要があります。例がない場合は，Google 検索します (→ 1.1.2 (23))。

(25) It is (   ) to you to decide where to go and what to do.
(26) a. it is to you to decide   b. it is to you to

　(25) の定型も，C①により it is はそのまま残し，E⑦により to 不定詞は to decide にした (26a)，もしくは to のみにした (26b) で検索します。辞書ですので，欠けている語は埋めてくれます (up)。

(27) My son had a (   ) fever this morning.
(28) [have] a fever

　(27) では，E⑤により [have] にし，不定冠詞は残して (28) で検索します (high, slight, low-grade, mild)。

(29) Jane was seriously (   ) in the car crash.
(30) a. seriously in   b. seriously {1} in
　　 c. seriously in crash

(29) では，E②により be 動詞を省き，過去分詞は明示されていませんが，副詞 seriously があるので，E⑦により前置詞句は前置詞のみにした（30a），または E⑥により ｜ ｜ の記号を使った（30b）で検索します（hurt, injured）。さらに，名詞を明示させた（30c）でもいいでしょう。「car crash」も定型です。

(31)　I had my picture (　　) with Alan.
(32)　a.　[have] my picture with　　b.　[have] picture with

(31) の定型は have + my picture + with 句ですが，定型の動詞と名詞が明示されているので，E⑦により前置詞句は with のみにし，所有格 my は E②によりそのまま残した（32a）で検索します（taken）。例がなければ，E②により my を省略して（32b）で検索します。

(33)　Ben broke (　　) in a rash after eating some peanuts.
(34)　[break] in a rash

(33) の定型は，動詞以下の（34）です。D②により after 句は省きます。辞書ですので，欠けている部分は埋めてくれます（out）。

(35)　(　　) on your promotion to the Premier League.
(36)　a.　on your promotion　　b.　on your promotion to
(37)　(　　) do you like your coffee?
(38)　a.　do you like your coffee　　b.　do you like your
　　　c.　do you like どう

(35) では，D ②により to 句は省き，E ②により your は残した (36a) が定型です (Congratulations)。「promotion to」も定型ですので，to も残して (36b) で検索してもいいでしょう。(37) の定型も E ②により your は残した (38a) ですが，例はありません。そこで，coffee を省いた (38b) で検索します。eggs などの例がありました。your まで残すのがポイントです (How)。E ⑩により日本語を補足し，(38c) で検索してもいいでしょう。COCA，BNC では「* do you like your coffee」あるいは「* do you like your *」で検索できます。

(39) How (　　) can I keep this book?
(40) a. how can I keep　　　b. how can keep
　　 c. how keep どのくらい　　d. how keep 借り

(39) の場合，(40a)，(40b) では例がありません。E ⑩により (40c)，(40d) のように日本語が補足できれば見つかります (long)。動詞は語幹部分を用います。日本語がわからない場合は，Google 検索をします (→ 1.1.2 (39))。COCA，BNC では「How * can I keep *」で検索できます。

(41) Make (　　) you take the bus early enough to arrive on campus.
(42) a. make きっと　　b. make 必ず

(41) では make sure という定型部分が欠けていて，英語だけでの検索は無理な例です。「きっと」「必ず」という意味ではないかと推測できれば，E ⑩により (42a) または (42b) で検索し，

節が後続していることで,sure が見つかります。日本語がわからない場合は,Google 検索をします (→ 1.1.2 (41))。COCA,BNC では「make * you take」で検出できます。

2.2.2. 動詞を調べる

Google と違って,英辞郎では,アステリスクを使えないので,はさむということはできませんし,動詞を探す場合には,名詞を中心に定型表現を見つける必要があります。日本語が想像できれば,英語と日本語を混ぜて検索しますが,E ⑩により動詞の語幹か語尾を使う必要があります。

(1) Your contribution can (   ) a major difference in the life of our students.

(2) a. a difference in   b. it a difference in

(1) では,E ①により辞書ですので主語は省き,D ②により major を省き,名詞が明示されているので E ⑦により前置詞句は in のみにした (2a) で検索し,主語が人でない場合の例を探します (find, make, etc)。C ③により,主語に it を入れて (2b) で検索してみてもいいでしょう (make)。

(3) The prime minister (   ) a statement on the matter.
(4) a statement on

(3) については,E ①により主語は省き,名詞が明示されているので E ⑦により前置詞句は on のみにした (4) で検索します (deliver, issue, make)。動詞は過去形などにします。

(5) Would you (　　) me with my work?
(6) you me with my

(5) については，定型は「me with」の部分ですが，疑問文なので E ①により主語 you のみを追加し，E ②により my を残し (6) で検索します (help)。動詞などが何ら明示されていないので，my を加えます。COCA コーパスを用いた検索も役に立ちます (→ 2.3.1 (16))。

(7) Please (　　) my apology for any inconvenience.
(8) a. my apology for　　b. please my apology for

(7) では，E ②により my は省かず，(8a) が定型です。名詞 apology があるので，E ⑦により前置詞は for のみにします (accept)。E ①により please を加えて (8b) で検索してもよいでしょう。

(9) Please (　　) me the way to the bank.
(10) a. me way to　　b. someone way to

(9) では，E ②により the は省き，(10a) で検索するか，E ④により me を someone にした (10b) で検索します (tell, show)。E ⑦により名詞 way があるので，前置詞句は to のみにします。

(11) What (　　) to the dinosaurs?
(12) a. what to the　　b. what {1} to the

(11) については，辞書に dinosaurs の例があるとは思えないので，E②により名詞を省く場合なので the を残し，(12a) で検索します。あるいは，E⑥により {1} を用いた (12b) で検索します (happens, happened)。COCA コーパスでは「what * to the *」で検索できます。

(13)　Would you （　　） if I borrowed that for a while?
(14)　a.　you if I [borrow]　　b.　you {1} if

(13) では，疑問文なので，E①により主語 you を追加し，C②により if 節は動詞まで入れた (14a) で検索します (mind)。例がない場合は，E⑥により {1} を用い，if だけ残した (14b) で検索します。COCA コーパスでは「you * if I [borrow]」で検索できます。

(15)　I can't （　　） to buy a new car.
(16)　a.　can't to buy　　b.　can't {1} to buy
　　　c.　can't {1} to

(15) では，E⑫により cannot ではなく can't を使い，E⑦により定型を構成する動詞が明示されていないので to 不定詞は buy を加えた (16a) で，または E⑥により {1} を用いた (16b) で検索します (afford)。例がなければ，buy を省き (16c) で検索します。

(17)　If you have a question, （　　） your hand.
(18)　please your hand

(19)　I (　　) a week living by a lake.
(20)　a week *ing

　(17) では，命令文の場合なので，E①により please を加えて (18) で検索します (raise)。D③により，if 節は省きます。(19) では，E⑦により doing を *ing にした (20) が定型です (spend)。a week の前にある動詞を探します。

(21)　We need to (　　) immediate action to cut expenses.
(22)　a.　action to　　　b.　immediate action to
　　　c.　to action to　　d.　action to 取

　(21) では，D②により immediate を省き，(22a) で検索し，前にある動詞を確認します (take)。例が多い場合は，immediate を元にもどした (22b) で，あるいは E⑦により to 不定詞の to を使った (22c) で検索します。日本語が思いつけば，E⑩により動詞「取る」の語幹を用いて，(22d) でも検索できます。

(23)　Be careful not to (　　) careless mistakes.
(24)　a.　not mistakes　　b.　careless mistakes

　(23) でも，D②により careless を省き，C②により not を残した (24a) で検索します (make)。また，(24b) でも例がありました。

(25)　She was the one who (　　) her best to convince him to live.
(26)　one's best to

(25)では、E④により her は one's とし、E⑦により to 不定詞は to のみにした (26) で検索し、前にある動詞を確認します (do, try)。過去形にしたものが答えとなります。アポストロフィは英辞郎内でつけるようにします。

(27) Mary's bad manners (　　) me very annoyed.
(28) a.　me annoyed　　　b.　someone annoyed

(27)では、D②により very を省いた (28a) では例がありません。E④により、目的語 me を someone にした (28b) で検索します (make)。

(29) The noise (　　) it difficult to sleep at night.
(30) a.　it difficult to　　　b.　[find]|[make] it difficult to

(29)の定型は、形容詞が明示されているので、E⑦により to 不定詞は to とした (30a) です (find, make)。例をみていく場合には、(30b) のように候補の動詞を入れてからみていくと、両者の特徴がわかりやすくなります。すると、人でないものが主語になっているのは make であることがわかります (makes, made)。

(31)　I (　　) breakfast this morning.
(32) a.　I {1} breakfast　　b.　breakfast 食べ
(33)　I (　　) New York last year.
(34) a.　I {1} New York　　b.　New York 訪れ
　　 c.　I 訪れ

(31) では，breakfast しかないので定型はなく，平叙文なのでE①により主語Iを入れ，E⑥により {1} を用いて，(32a) で検索します (ate, had)。あるいは，E⑩により日本語の動詞「食べる」の語幹を用いて (32b) で検索します。(33) でも定型はなく，(31) の場合と同じように，(34a) で検索してみます。求めている例がないので，E⑩により動詞「訪れる」の語幹を用いて (34b)，(34c) で検索します (visited, etc.)。

(35)　You will (　　) an entrance exam soon.
(36) a.　I {1} an entrance exam
　　 b.　an entrance exam 受け

(35) では，an entrance exam しかないので，定型はなく，平叙文なのでE①により主語Iを入れて (36a) で検索してみますが，例はありません。日本語がわかれば，E⑩により動詞「受ける」の語幹を用いて (36b) で検索します (take, undergo)。

(37)　I (　　) a diary every day.
(38) a.　I {1} a diary　　b.　a diary つけ
　　 c.　diary 日記を

(37) の場合も，a diary しかないので，E①により主語Iを入れて (38a) で検索してみます。例がないので，E⑩により日本語の動詞が「つける」の語幹を用いて (38b) とするか，「日記」を用いて (38c) で検索します (keep, write, etc.)。

(39)　The government was (　　) under considerable pressure from the World Bank.

(40) a.　I under pressure

　　 b.　someone under pressure

　　 c.　under pressure かけ

　　 d.　under pressure 圧力

(39) では，under pressure しかないので定型はなく，E①により主語 I を入れて (40a) とします (come, put)。受身文であるとわかれば，能動形は，人 + under pressure ということから，E④により someone を入れて (40b) として検索します (put)。あるいは，E⑩により日本語を用いて，(40c), (40d) で検索します (come, put)。

(41)　Donations may be (　　) in the form of cash or securities.

(42) a.　donations in form　　b.　donations 寄付

　　 c.　donations する

(41) では (42a) が考えられますが，定型でないせいか，例はありません。E⑩により日本語を用いて (42b) または (42c) とします (make, etc.)。動詞は過去分詞形にします。

　以上，英辞郎で空所部分の動詞を検索するのは定型部分があればできますが，定型部分がない場合は日本語が想像できるかにかかってきます。日本語が思いつかない場合は Google 検索をするようにします。

　こうしてみていくと，次のようなことがわかります。Google

では例がかなりあるので,具体的な動詞なども入れるほうが検索したときに見つけやすくなる可能性があるのに対し,(アルクの)英辞郎では例が多いことは多いが,十分とはいえないので,to不定詞などでは動詞まで入れると例が見つからない可能性が高いこと,英辞郎では辞書であるために一般化されていて,人を示す目的語にはsomeoneを使ってみる必要があること,動詞の活用形は[ ]が使え,doing形は*ingが使えるという便利な機能があることがわかります。また,必要な前置詞や冠詞は辞書が埋めてくれると考えて,それらを省いて検索します。Google検索と同じように|(パイプ)や引用符が使えますし,語と句のOR検索が可能なのは便利です。ただし,引用符やアポストロフィは英辞郎内で入れるようにしないとうまく結果がでないことに注意が必要です。いずれにしても,技E①-⑫は覚えておくべきであることがわかっていただけたと思います。また,Google検索で用いた技も利用する必要があります。

なんといっても英辞郎の利点は,検索結果に日本語訳(または英語訳)がついていることです。英辞郎は英語と日本語を混ぜての検索も可能であるために,そうした検索も利用価値があります。

ネット辞典としては,Weblio英和・和英辞典もあります。Weblioは例の数は英辞郎よりも多く,Google上でsite:weblio.jpを用いたサイト内検索をすると関連する他の辞典なども検索してくれますので,例を見つけやすいといえます。ただし,英辞郎のように[ ]とか*ingのような便利な機能はありませんので,Google検索としてアスタリスクを用いた検索やOR検索を

するようにします。

2.3. COCA コーパスの利用

2014年2月現在の時点で4億5千万語からなるアメリカ英語コーパス COCA (http://corpus.byu.edu/coca/) および1億語からなるイギリス英語コーパス BNC が現在公開されています。このサイトでは学生や一般の人は1日100回という制限はありますが，メールアドレスとパスワードを登録すれば無料で使えます。ただし，ときどき関連論文をみるようにと，click here という表示がでます。その時は，クリックして論文を一つだけでもみると，また検索できるようになります。現在では何らかの検索を行うと，-start- 欄や compare 欄が出現し，そこで COCA, BNC, COHA, Time などを選ぶと切り替えられるようになっています。Google と違い，例文は常に COCA のサイトに残っていますので，いつでもだれでも確認できるのが一番の利点といえます。普段はあまり使う必要がないかもしれませんが，Google や英辞郎ではうまく検索できないときに役に立つことがあり，知っていると便利です。

英語コーパス COCA にも利用する際に有効な技があり，衣笠 (2010) でも一部紹介しましたが，今回は Google や英辞郎で課題が残った例などについて，COCA ではどういう技を用いた検索をすればよいのか説明します。これは BNC にもあてはまりますが，COCA のほうが4倍以上も語彙数が多いので普段はCOCA を使うようにし，イギリス英語を調べたいときは BNC

を調べます。(2014年7月現在COCAのデータはダウンロードして使えるようになっています。)

　心がけるべき技が七つあります。

技 F

① " "で囲まない。語順は囲まなくても入力した語順が守られる。

② アステリスクは語の前後どちらにあってもよい。アステリスクは一つにつき1語になる。ただし，アステリスクを含めて検索語数は2014年2月現在，合計9語までと制限がある。

③ 品詞の指定が可能である。動詞は [v*]，名詞は [nn*]，形容詞は [j*]，副詞は [r*]，前置詞は [i*] などで，わからないときは，POS LIST をクリックし，望みの品詞を指定します。

④ [=] で類語を検索できる。

⑤ [ ]，|（パイプ），* が使える。ただし，[v*] などの品詞と | とは併用できるが，* と | とは，また [ ] と | とは併用できない。(なお，OR 検索では | と / の両方が使用可能ですが，本著では | を用いています。)

⑥ ピリオド，コンマ，引用符(") も 1 語になる。n't や 'll も 1 語なので can't では ca n't と 2 語にする。

⑦ 語と語の OR 検索のみ可能。

2.3.1. 形容詞・副詞・動詞・前置詞などの検索

　形容詞の検索は，種類が多いので，Google でアステリスクを用いた検索ではどういう形容詞がどれほど適切なのかはっきりしないことが多いのですが，COCA では簡単にわかります。

(1)　My son had a （　　） fever this morning.
(2)　a.　a * fever：
　　　　　high 92, low-grade 36, slight 18, raging 16, yellow 9, mild 8（COCA）
　　　　　high 14, slight 4, raging 2, burning 2（BNC）
　　　b.　had a * fever：
　　　　　high 8, low-grade 3, bad 2, slight 2, raging 2（COCA）

　　　　　　　　　　　　　　　　　　　　　　［数字は件数を示す］

　(1) では (2a) としてみます。すると，high, slight のほかに low-grade, raging などの語が入ることがすぐにわかりますし，その頻度もわかります。BNC からは burning という言い方もあることがわかります。COCA にも 1 例ありました。(2b) のように動詞を使った検索でもいいでしょう。F⑤により英辞郎と同じように動詞の活用形を含められる［　］が使えますので，(2b) では［have］a fever とすることも可能で，［have］とすると have, has, had, having の場合を示してくれます。

(3)　She is （　　） wonderful.
(4)　a.　"is * wonderful"　site:edu

b. "she is * wonderful"　site:edu

(3) では，(　) に副詞を入れたいときに，何を入れたらいいでしょうか。Google では副詞を指定できないので，(4a) で検索してみると，最初の 20 例で副詞は absolutely 3 例，so 2 例，simply 1 例，more 1 例でしたし，(4b) では，simply, so, absolutely, quite が各 1 例で，ほかは a, the などでした。こういう場合，COCA なら簡単に頻度を教えてくれます。

(5) is * wonderful :
   so 68, just 42, really 26, absolutely 19, quite 10, truly 5, simply 5
(6) [r*] wonderful :
   how 561, so 536, just 275, really 274, absolutely 152, very 131, quite 64, truly 57

(3) については，(5) という結果になりました。もちろん，a や the の例もありますが，副詞の例と件数をみていくだけです。また，(6) のように副詞を指定することもできます。どの副詞がよく使われるのかを調べるのは，Google では件数比較していく必要があり，手間がかかりますが，COCA ではその頻度を一度の検索で調べることができることがわかります。

また，said の後にくる副詞 1 語を探す際には，Google では前後を適切な語句ではさむ必要があるので困難です。しかし，COCA では副詞を [r*] で指定し，「said [r*]」と入力するか，-ly 副詞を探したいのであれば「said *ly」で検索するだけです。

(7) he said *ly：
softly 425, quietly 350, finally 283, recently 128, slowly 121, simply 104, gently 95, quickly 83

たとえば，he said の後の -ly 副詞は (7) のような結果になり，それぞれの頻度もすぐにわかります。

(8) Tom always (　　) a diary.

(8) の (　) に入る動詞を探すときも同じです。

(9) a. I|he|she * a diary：
he kept 7, she kept 3, I found 2, I kept 2, I started 2, she wrote 1
b. [v*] a diary：
kept 71, keep 58, keeping 51, is 11, found 7, started 6, wrote 6

(8) では，C③により主語は I|he|she と3種類にして (9a) で検索するか，F③により動詞を指定して (9b) とします。すると，Google，英辞郎の場合と同じく keep, kept だけでなく，wrote もあることがわかります。

(10) I (　　) New York last year.
(11) [v?d*] New York：
left 194, was 94, said 76, told 31, visited 29

(10) は英辞郎では動詞を見つけにくい場合ですが，動詞の過

去形を [v?d*] と指定して (11) で検索すると, visited も簡単に見つかります。

(12) Your contribution can (   ) a major difference in the life of our students.
(13) a. can * a difference in :
       make 119, see 4, detect 2 (COCA)
       make 3   (BNC)
   b. can * a major difference in:
       make 5, mean 1 (COCA)

(12) の ( ) に入る動詞を見つけるためには, can を残せば十分です。D ②により修飾語を省いた (13a) では十分な例がありますが, (13b) では例がわずかになります。D ②のもつ意味がわかります。BNC では (13a) でも例が 3 例しかなく, (13b) では例がありませんでした。BNC より COCA のほうが, はるかに例が多いことがわかります。

(14) The prime minister (   ) a statement on the matter.
(15) * a statement on :
     issued 26, make 25, made 10, released 7, post 4, put 3, posted 3, issue 3 (COCA)
     make 145, issued 42, made 6, makes 3   (BNC)

(14) でも, (15) のように定型を示すだけで, ( ) にはどういう動詞が適切なのかがすぐにわかるという利点があります。(13a, b), (15) では動詞をアスタリスク (*) でなく [v*] とし

て品詞を指定して検索することもできますが，例をみて動詞を選んでいけばよく，アステリスクを使えば十分です。

(16) Would you （　　） me with my work?

(17) * you * me with my :
can you help me with my 3, you helped me with my 2, will you help me with my 2, if you help me with my 1, would you help me with my 1

(16) でも定型を使って，(17) とします。英辞郎の場合と同じ語句を使いますが，アステリスクで埋めていきます。すると，(16) は help の構文であることがわかります。

(18) I can't （　　） to buy a new car.

(19) ca n't * to buy :　afford 88, wait 5, wail 1, seem 1

(18) では，can't は F ⑥により ca n't と 2 語になるので，(19) で検索すると，答えは afford であるとわかります。アポストロフィは COCA 内で入れないと結果がでないことがあります。

次に，前置詞の場合をみてみます。

(20) I will call you back （　　） ten minutes.

(21) a.　call you back * * *:

   in five minutes 4 in an hour 3 within twenty-four hours 2

b.　call you back [i*] * * *:

   in a few minutes 5, in a couple of 2, in an hour . 2

英辞郎では，(20) の文は minutes の例がない場合には，例を みていく必要があります。こういう場合にも，COCA では (21a) のようにアステリスクを三つ並べるだけです。すると，in の例 があることがわかります。また，前置詞を探すことがわかってい れば，(21b) のように前置詞を [i*] で指定してもいいでしょう。

(22)　We arrived（at, ×）the hospital.

(23) a.　arrived＊＊＊：

　　　　on the scene 242, in New York 174, in the United 172, at the hospital 92, in the mail 78, at the scene 73

　　b.　arrived * the hospital：　　at 92, in 2, from 1

(22) で arrived が前置詞をとるかとらないかということも， (23a) のようにアステリスクを三つほど並べてみるだけでわか ります。また，at でいいかどうかは，(23b) のように前置詞部 分をアステリスクにするだけでわかります。

また，不定冠詞の有無についても，2.1.4 節 (13) で述べたよ うに，アステリスクを利用すれば簡単にわかります。

COCA は構文検索も得意です。suggest がどういう構文をと るか調べたいときには英和辞典でも調べられますが，COCA で は単に「suggested＊＊＊」とするだけです。

(24) a.　suggested that it was　　83
　　 b.　suggested．" I　　　　　78
　　 c.　suggest that he was　　　57

  d. suggested to me that 48

 (24a, c, d) という結果をみると，that 節が使えることがわかります。また，suggested には引用符で限られた被伝達部が後続すると普通考えますが，(24b) の suggested の後はコンマでなくピリオドになっているので，(例文の左側の欄をクリックして) 実例を確認してみます。

(25) "Why don't you and Meg play?" Frank suggested.
   "I'll take on the winner."   (COCA)

 すると，(25) のように被伝達部は後続するのではなく，先行する被伝達部をうけて「(〜してみたら) と言った」などの意味で suggested がよく使われることがわかります。

 また，Google の類語検索はあまり役に立ちませんが，COCA，BNC では F ④により [=] を使うと，類語も簡単に調べることができます。

(26) a. [=beautiful] woman：
    beautiful 1134, attractive 294, wonderful 149, lovely 123, handsome 85, good-looking 74 (COCA)
    beautiful 134, attractive 36, lovely 23, wonderful 19, handsome 16, good-looking 11 (BNC)
  b. [=cut] * onions：
    chop the onions 8, slice the onions 6, slice green onions 5, chop green onions 4, cut green onions

2, cut the onions 1 （COCA）
chop the onions 2, slice the onions 1, cut up onions 1 （BNC）

(26a, b) をみるとわかるように，この類語検索機能を使うとどういう類語表現があるのかを簡単に知ることができます。

2.3.2. OR 検索

COCA, BNC でもパイプを使った OR 検索ができます。

(1) You have (the, a) wrong number.
(2) You have the|a wrong number：
 the 15, a 1 （COCA）
 the 2 （BNC）

(1) は Google の件数比較ではあまり差がなかった例ですが，(2) でわかるように，COCA で語と語の OR 検索すると，はっきり差があることがわかります。

(3) I'll (be, go, come) there at nine.
(4) I 'll be|go|come there at *：
 seven 2, ten 2, your 1, six-thirty 1, nine 1

(3) の場合，英辞郎では go の例もありましたが，(4) の例すべてが be の例であり，at の後はほとんどが時間を示す例でしたが，your place のような場所の例もありました。なお，F⑥により I と 'll の間は開ける必要があります。

(5) The water (looks, sees, watches) pretty clear.
(6) a.　looks|sees|watches clear：　looks 21，sees 1
　　b.　[look]|[see]|[watch] clear

（5）は英辞郎では例がなかった例ですが，D②により pretty を省き（6a）で検索します（looks）。sees の 1 件は clear sailing（順風満帆(じゅんぷうまんぱん)）という例でした。(6b) は，英辞郎と違って，F⑤により [ ] と | は同時に使えないので，結果はでません。

また，COCA では big beautiful の語順を調べたいときには，節や句の OR 検索はできませんが，F⑦により語と語の OR 検索を繰り返せばできます。

(7)　big|beautiful big|beautiful *：
　　big beautiful eyes 3，big beautiful women 3，big beautiful woman 2，big beautiful house 2，beautiful big eyes 1，beautiful big house 1　(COCA)
　　beautiful big eyes 1，beautiful big houses 2，big beautiful houses 1　(BNC)

（7）のように，OR 検索を二つ並べた後にアスタリスクを一つ入れて検索します。すると，1.5 節の Google 検索の場合と同じように，woman の場合は big beautiful の語順であり，house の場合はアメリカでは big beautiful の語順が多いのに対し，イギリスでは逆になっていることがわかります。例が少ないので断定はできませんが，イギリスのほうが beautiful big の例が多かった Google の場合と一致するように思われます（→ 1.5（6a，b））。

いずれにしても，この OR 検索を二つ並べるやり方は一度に例を検索できるので便利なことがわかります。

(8) She looked at me with her (blue big, big blue) eyes.
(9) big|blue big|blue eyes：
    big blue eyes 81, blue blue eyes 2 （COCA）

(8) は英辞郎では答えが直接には見つからない例でしたが，(9) で検索すると答えがすぐにでます（big blue）。

(10) The rooms are (clean and comfortable, comfortable and clean).
(11) clean|comfortable and clean|comfortable：
    clean and comfortable 25, comfortable and clean 3

(10) についても，(11) とすると 1 回で検索でき，Google の場合と同じ結果でした（→ 1.5（17））。

語と語の OR 検索を二つ並べるやり方は，形容詞以外の語順を調べる場合にも利用できます。

(12) Mr. Smith (rolls up, puts on) his sleeves on a hot day.
(13) a. [roll]|[put] up|on * sleeves
    b. roll|put|rolls|puts up|on * sleeves：
    roll up our sleeves 55, roll up their sleeves 55
(14) He is (tall enough, enough tall) to reach the ceiling.
(15) [be] tall|enough tall|enough to *：
    is tall enough to hide 3

were tall enough to keep 2

（12）の場合，（13a）と（13b）が考えられますが，（13a）のように同じ箇所で［　］と｜を併用することはF⑤によりルール違反になるので，結果はでません。したがって，（13b）のように｜のみを使って検索します。（14）では，（15）のように，最後にアスタリスクを一つおいて，動詞がそこに入るのを確認できるようにして検索します。すると，（12）では rolls up が，（14）では tall enough が正しいことがわかります。

　動詞の活用形や，動名詞や不定詞の選択の場合はどうでしょうか。

（16）　I'm looking forward to (hear, hearing) from you.
（17）a.　looking forward to *:
　　　　　seeing 204, getting 78, having 76
　　　b.　looking forward to hear|hearing :
　　　　　hearing 36, hear 1

（16）では，（17a）のようにアスタリスクを一つ置くだけで，そこに動名詞がくるかどうかがわかりますが，（17b）のようにパイプを使うとはっきりどちらの語になるかわかります。D⑤により I'm は省きます。すると，hearing が圧倒的に多いので，こちらが正しいことがわかります。

　実は，COCA では語数が違う場合にもアスタリスクと一緒に使うことで，OR 検索を有効に使うことができます。

（18）　I have never seen him (swim, to swim) in this river.

(19) a.　have never seen him [v*]|to *:
　　　　wear yellow 1, use his 1, touch this 1, spend so 1
　　b.　have never seen * [v*]|to *:
　　　　anyone work so 1, anyone treat their 1,
　　　　anyone smoke quite 1

(18) の場合には，動詞と to との OR 検索をして，その後にアステリスクを置き (19a) で検索します。原形不定詞が一つ目にくる場合は [v*] が拾ってくれますし，一つ目が to ならばアステリスクが動詞を拾ってくれます。F ③により [v*] は動詞を指定します。英辞郎では品詞を指定できないので，swim の例があれば問題ないのですが，ない場合は，例を一つ一つみていく必要があり面倒でした。しかし，COCA ではこのように動詞と to との OR 検索をすると，どちらになるかをはっきり示してくれます。(19b) では him のところもアステリスクにして検索しました。すると，どちらの場合も原形不定詞がくることがわかります。

(20)　I quit (smoking, to smoke) last week.
(21) a.　quit [smoke]
　　b.　[quit] [smoke]
　　c.　quit *ing|to *
　　d.　[quit] [v*]|to *:　trying to 59, being a 32,
　　　　going to 24, ..., smoking in 11

COCA では，F ⑤により英辞郎と同じように [　] が使えま

すが語順は守られるし，語彙が間に入ってきたりしません。したがって，(20) では (21a) で quit smoking は導けますが，quit to smoke は導けません。(21b) のように [ ] を二つ使うこともできますが，[ ] と [ ] の間はきちんと開ける必要があります。しかし，(21c) は使えません。| と * はそれぞれ別々には使えますが，二つの記号を同じ箇所で使うとF⑤によりルール違反になるからです。しかし，[v*] と | は同時に使えますので，(20) は (21d) で検索します。[v*] は動詞を指定しますが，doing 形も含められるからです。もちろん，doing 形は [v?g*] でも指定できますので，[v*] を [v?g*] とすることも可能です。to の後に動詞がある場合にも，それがわかるようにアスタリスクを一つ入れておきます。すると，(21d) では，smoking の例がありこれが答えであるとわかります。また，(21d) では動名詞の例が多いのですが，to become, to go, to take といった to 不定詞の例もあることがわかります。

(22) I remember (seeing, to see) him before.
(23) I remember [v*]|to *:
thinking that 108, going to 90, saying to 61, looking at 60, talking to 59, seeing the 38, etc.

(22) でも，(23) で検索し，例として seeing があるか to see があるか，ないとすればどういう例があるかを確認すると，seeing の例も含め動名詞の例がありました。

COCA 検索の利点は，頻度順に表示されるので，quit + doing 形をとる代表的な動詞は，smoke, try, work, play, talk などであ

ること，remember + doing 形をとる代表的な動詞は think, see, go, look, say などであることがすぐにわかることです。

(24) Don't forget (calling, to call) me tomorrow.
(25) do n't forget [v*]|to *:
   to watch 92, to check 58, include 40

(24) でも，(22) の場合と同じように，(25) で検索します。すると，to 不定詞の例しかないので，to call が答えであることがわかります。

(26) I was made to (clean, to clean) my room.
(27) I [be] made [v*]|to *:
   I was made to feel 12, I was made to understand 5

(26) では，主語も入れて (27) のようにします。すると，clean の例は 1 例だけでしたが，ほとんどが to 不定詞の例であることから to clean が正解であるとわかります。

この方法は，冠詞や前置詞の選択の場合にも応用できます。

(28) We want to live (happy, a happy) life.
(29) live happy|a life|happy *:
   a happy life 12, happy life 1

(28) でも，語数が違っている場合ですが，順番に OR 検索をし，最後にアスタリスクを一つ置いた (29) で検索します (<u>a happy</u>)。この場合は，アスタリスク部分が life になっている例を選びます。もちろん，一つずつ検索するという方法もあります。

(30)　She went（out of, from）the room.
(31)　went from|out the|of room|the *:
　　　　out of the room 22, out of the house 16
(32)　We discussed（about, ×）the problem.
(33)　a.　discussed the|about problem|the *:
　　　　　the problem of 8
　　　b.　discussed the *:
　　　　　possibility 90, issue 79, ..., problem 24
　　　c.　discussed about the *:　travel 1

　(30), (32) でも語数が違うので，語と語の OR 検索を連続させ，最後はアステリスクを使い，(31), (33a) で検索します（(30) out of; (32) ×）。もちろん，(32) では，(33b) と (33c) のようにアステリスクを使って別々に検索してもいいでしょう。なお，(33c) に travel の例があるのは，discussed の目的語は前置しているためで，間違いの例ではありません。

　このように，COCA コーパスは Google ほど例が十分あるとは言えませんが，英辞郎よりは例が多く，品詞を指定できる機能や一つにつき 1 語と決まっているアステリスクの機能，パイプを使った語と語の OR 検索機能があること，Google と違って例文はいつでも再確認できることから，上手に使うととても便利なことがわかります。

第 3 章

翻訳サイトの利用

翻訳サイトを利用する。翻訳サイトはどこも同じと思いがちですが，そうではありません。問題がよくわからないときに，翻訳サイトを使って訳させてみると，問題が解決するときがよくあります。これは熟語や成句などがそのサイトに登録されていると，正しい英文だけが理解できる日本語になるからです。では，実際にいくつかやってみましょう。なお，英語を翻訳させるときは，文を一つずつでなく，三つ四つまとめて，翻訳欄にコピーして入れ，一度に訳させると手間が省けます。また，これらの翻訳サイトの中にはそれぞれ少しずつ改善されてきているサイトもあります。あくまでも，以下の結果は2013年末時点のものですので，ご了解ください。

3.1. 英文和訳

(1) I'm looking forward to (hear, hearing) from you soon.

(2) a. I'm looking forward to hear from you soon.
    b. I'm looking forward to hearing from you soon.

(1)について，hearかhearingのどちらが正しいか知りたい場合，すでに第1節で考察したようにGoogleのOR検索を用いてもよいのですが，翻訳サイトを利用してどちらが正しいかを見つけることもできます。なお，今回はExcite（E），Yahoo

(Y), Google (G) の三つのサイトを代表に選びました。(1) の場合, (2a) と (2b) の二つの文に分け, それらをまとめて翻訳サイトで訳させてみます。

(3) a. 私はすぐにあなたから便りをもらうために前に見ています。
    b. 私はあなたからすぐに便りをもらうことを楽しみにしています。(E)
(4) a. 私は, すぐにあなたから連絡をもらうために, 前を見ています。
    b. 私は, すぐにあなたから連絡をもらいたいと思っています。(Y)
(5) a. 私はすぐにあなたから話を聞くと楽しみにしています。
    b. 私はあなたからのお便りを楽しみにしています。(G)

すると, (3)-(5) がその訳ですが, (3b), (4b), (5b) は日本語として意味が通じますが, (3a), (4a), (5a) は意味不明です。したがって, (2b) の hearing が正しいことがわかります。また, Yahoo では主語の後にコンマが入るようです。

(6) Have you (taken, done) your homework yet?
(7) a. Have you taken your homework yet?
    b. Have you done your homework yet?
(8) a. ホームワークをもうとりましたか。
    b. 宿題をもうしましたか。(E)

(9) a. あなたは，もう宿題を引き受けましたか？
   b. もう宿題はやったの？（Y）
(10) a. あなたはもう宿題をしたことがありますか？
   b. あなたはもう宿題をやったことがありますか？（G）

(6) の場合も (7a) と (7b) に分けて翻訳させます。すると，(8b), (9b) の日本語訳から (7b) の done が正しいことがわかります。

(11) a. I remember seeing him before.
   b. I remember to see him before.
(12) a. 私は，彼に以前に会ったことを覚えています。
   b. 私は忘れずに以前に彼に会います。（E）
(13) a. 私は，前に彼に会ったのを憶えています。
   b. 私は，前に彼に会うのを忘れないでいます。（Y）
(14) a. 私は前に彼を見て覚えている。
   b. 私は前に彼を見ることを忘れないでください。（G）
(15) a. The water looks pretty clear.
   b. The water sees pretty clear.
(16) a. 水はかなり透明に見えます。
   b. 水は明瞭で，かなり見ます。（E）
(17) a. 水は，かなり明白に見えます。
   b. 水は，かなり明らかにわかります。（Y）
(18) a. 水はかなり明確に見えます。
   b. 水はかなり明確見ている。（G）

(11a, b) の場合，(12a), (13a) の訳が理解できる日本語であることから (11a) が正しいことがわかりますし，(15a, b) の場合でも「透明に見える」と日本語らしい訳になったのは (16a) の Excite 訳だけです。

(19) a. No sooner had he opened the door than he heard the telephone ringing.
　　 b. No sooner he had opened the door than he heard the telephone ringing.
(20) a. 彼は，ドアを開けると直ちに，電話が鳴るのを聞きました。
　　 b. いいえ，電話が鳴るのを聞いたくらいなら，彼はドアを開けました。(E)
(21) a. ドアを開くやいなや，彼は電話が鳴っているのを聞きました。
　　 b. 少しもよりすぐに，電話が鳴っているのを聞いたより，彼はドアを開きませんでした。(Y)
(22) a. 否や，彼は電話呼び出し音を聞いたよりも，ドアを開けていなかった。
　　 b. 彼は，電話呼び出し音を聞いたよりも早く彼がドアを開けていなかった。(G)
(23) a. Would you mind to open the window?
　　 b. Would you mind opening the window?
(24) a. 窓を開けるために気にかけていただけませんか。
　　 b. 窓を開けていただけませんか。(E)

(25) a. 窓を開けるために言うことをききますか？
　　 b. ウインドウを開いてもらえませんか？（Y）
(26) a. ウィンドウを開くには気にしますか？
　　 b. あなたは窓を開けていただけませんか？（G）

　(19a, b) の場合，(20a)，(21a) の訳から (19a) が正しいことがわかりますし，(23a, b) の場合でも (24b)，(26b) の訳から (23b) が正しいことがわかります。つまり，翻訳サイトは，日本語訳がわかると同時に，どちらが正しいのかを判断する際に使えることがあるとわかります。これらの例では，Excite 訳のみが常に正しい訳になっています。Yahoo 訳も，(17a) では「透明」が「明白」に，(25b) では「窓」が「ウィンドウ」になっている点を除くと悪くありません。

　このように，三つの翻訳サイトすべてでうまく訳してくれるわけではありませんが，その日本語訳が理解できる日本語であれば元の英文が正しいと判断できることがあることがわかります。

(27) a. でしょう，窓を開けることを気にかけます。（E）
　　 b. あなたは，ウインドウを開くのを気にするでしょう（Y）
　　 c. あなたは窓を開けていただけませんか（G）
(28) a. What do you recommend?
　　 b. What do you recommend
(29) a. 何を推奨しますか。
　　 b. あなたを行うことは推薦します（E）
(30) a. おすすめはなんですか？

b.　おすすめはなんですか？（Y）
(31) a.　あなたは何をお勧めですか？
　　b.　お勧め品は何ですか（G）

　実は，(27a-c) は (23b) から？を省いた文の訳ですが，(27c) の Google 訳はほとんど影響をうけていませんが，(27a) の Excite 訳は変な日本語になっています。また，(28a, b) の訳が (29a, b) - (31a, b) ですが，(28a) の訳である (29a) は正しい訳ですが，(28a) から？を省いた (28b) の訳である (29b) も変な日本語になっています。したがって，Excite 翻訳では？は忘れずにつける必要がありますし，Yahoo 翻訳でも疑問詞がない場合は？をつける必要がありそうです。

(32) a.　You had better ask him a question.
　　b.　You had better to ask him a question.
(33) a.　彼に質問をしたほうがよい。
　　b.　よりよく彼に質問をしなければなりませんでした。（E）
(34) a.　あなたは，彼に質問をしたほうがよいです。
　　b.　あなたは，彼に質問をするほうがよいです。（Y）
(35) a.　あなたがより良い者に質問をしていた。
　　b.　あなたは彼に質問をしたほうがありました。（G）
(36)　There is no one but knows the fact.
(37) a.　事実を知らない人は誰もいません。（E）
　　b.　事実を知らない誰も，いません。（Y）
　　c.　そこに誰もありませんが，事実を知っている。（G）

(32a, b) でも，(33a)，(34a) の日本語から (32a) が正しいことはわかりますが，(35a) の Google 訳は had better を「したほうがよい」と訳せていませんし，(36) の訳でも (37a) の Excite 訳がよく，(37c) の Google 訳は変な日本語になっています。

(38)　What's the situation like?
(39) a.　状況はどのようなものですか。(E)
　　　b.　状況は，何のようにありますか？(Y)
　　　c.　のような状況は何ですか？(G)
(40)　Ben had his daughter taken care of by his parents.
(41) a.　ベンは，両親に娘を，世話をしてもらいました。(E)
　　　b.　ベンは，彼の娘を彼の両親によって世話をさせました。(Y)
　　　c.　ベンは彼の娘は，彼の両親が面倒を見ていた。(G)

(38) の訳では (39a) の Excite 訳だけが日本語らしい訳になっていますし，(40) でも構文をきちんと理解して「〜してもらいました」としているのは (41a) の Excite 訳だけです。したがって，Excite 翻訳は文法・構文の面が強いと思われます（→ 1.4.1 (15)）。

(42) a.　I have never seen him swim in this river.
　　　b.　I have never seen him to swim in this river.
(43) a.　私は，彼がこの川で泳ぐのを見たことがありません。
　　　b.　私は彼にこの川で泳ぐと会ったことがありません。

(E)
(44) a. 私は，これまで彼がこの川で泳ぐのを見ませんでした。
　　 b. 私は，この川で泳ぐために，彼にこれまで会いませんでした。(Y)
(45) a. 私は彼がこの川で泳いで見たことがない。
　　 b. 私はこの川で泳ぐの彼を見たことがない。(G)
(46) a. If he had studied harder, he would have passed the examination.
　　 b. If he studied harder, he would have passed the examination.
　　 c. If he would have studied harder, he would have passed the examination.
(47) a. 彼は，もしより熱心に勉強していれば，試験に合格していたでしょう。
　　 b. 彼は，もしより熱心に勉強すれば，試験に合格していたでしょう。
　　 c. 彼は，もしより熱心に勉強すれば，試験に合格していたでしょう。(E)
(48) a. より一生懸命に勉強したならば，彼は試験にパスしたでしょう。
　　 b. より一生懸命に勉強するならば，彼は試験にパスしたでしょう。
　　 c. より一生懸命に勉強したならば，彼は試験にパスしたでしょう。(Y)

(49) a. 彼は困難を勉強していたら，彼は試験に合格していただろう。
　　 b. 彼はもっと勉強した場合，彼は試験に合格していただろう。
　　 c. 彼はもっと勉強しているのであれば，彼は試験に合格していただろう。(G)

したがって，(42a, b)，(46a–c) の場合でも，その日本語訳から (42a)，(46a) が正しいとわかるのは (43)，(47) の Excite 訳ということになります。

次に，Yahoo 翻訳の特徴をみてみましょう。

(50)　I brush my teeth before going to school.
(51) a. 私は学校へ行く前に歯にブラシをかけます。(E)
　　 b. 私は，学校へ行く前に，歯を磨きます。(Y)
　　 c. 私は学校に行く前に私の歯を磨く。(G)
(52)　If it's hot, take something to drink and a bite-to-eat.
(53) a. 暑い場合は，飲みものおよび食べるかみ切った一片をとってください。(E)
　　 b. 暑いならば，何か飲むものと軽い食事をとってください。(Y)
　　 c. 暑い場合は，飲むために何かを取ると一口に食べられる。(G)

(50)，(52) では，(51b)，(53b) の Yahoo 訳のみが「歯を磨く」「何か飲むもの」「軽い食事」がきちんと日本語になっていま

す。

(54) He was accused of setting fire to the house, and he committed *seppuku*.

(55) a. 彼は家に火を付けたことで非難されました。また，彼は切腹を委託しました。(E)
  b. 彼は家に火をつけたとして訴えられました，そして，彼は切腹を行いました。(Y)
  c. 彼は家に火を設定すると非難し，彼は切腹をコミットした。(G)

(54)では，(55a, b)のExcite, Yahoo訳ではset fire toという定型（熟語）が「火を付ける」と訳せています。be accused ofも定型（熟語）ですので，英辞郎でE②によりbe動詞を省き「accused of」で検索して意味を確認します。すると，「非難される」という意味もありますが，犯罪では「訴えられる」がいいことがわかり，Yahoo訳のみが「訴えられる」「切腹を行う」と日本語らしい訳にしていることがわかります。したがって，(50)，(52)の結果と合わせて，Yahoo翻訳は熟語が強いことがわかります。

(56) Mr. Smith rolls up his sleeves on a hot day.
(57) a. スミス氏は暑い日に腕まくりします。(E)
  b. スミスさんは，暑い日に彼のそでを巻きます。(Y)
  c. スミス氏は，暑い日に彼の袖をロールアップします。(G)

(58) When she heard the fire alarm, she kept her head and looked carefully for the nearest exit.

(59) a. 火災警報を聞いた時，彼女は冷静でいて，最寄りの出口を注意深く捜した。(E)

　　b. 火災報知器を聞いたとき，彼女は冷静さを保って，慎重に最も近い出口を探しました。(Y)

　　c. 彼女は火災警報を聞いたとき，彼女は彼女の頭を維持し，最寄の出口のために慎重に見えた。(G)

(56) では (57a, b) の日本語がよく，(58) でも (59a, b) の日本語がよいことがわかります。したがって，構文や熟語がからむときは，Yahoo 翻訳と Excite 翻訳を主に検索するのが (2013年末現在では) 賢明であると思われます。

　前置詞が関係する場合をみてみます。

(60) a. She died of a heart attack.
　　b. She died by a heart attack.
　　c. She died at a heart attack.

(61) a. 彼女は心臓発作で死にました。
　　b. 彼女は心臓発作によって死にました。
　　c. 彼女は心臓発作で死にました。(E)

(62) a. 彼女は，心臓発作で死にました。
　　b. 彼女は，心臓発作によって死にました。
　　c. 彼女は，心臓発作で死にました。(Y)

(63) a. 彼女は心臓発作で死亡した。
　　b. 彼女は心臓発作で死亡した。

c.　彼女は心臓発作で死亡した。(G)
(64) a.　I will call you back at five minutes.
　　　b.　I will call you back in five minutes.
　　　c.　I will call you back to five minutes.
(65) a.　私は5分であなたに後ほど電話しましょう。
　　　b.　私は5分であなたに後ほど電話しましょう。
　　　c.　私は5分にあなたに電話しましょう。(E)
(66) a.　私は，5分にあなたに後で電話します。
　　　b.　私は，5分にあなたに後で電話します。
　　　c.　私は，5分まであなたに後で電話します。(Y)
(67) a.　私は5分であなたをコールバックします。
　　　b.　は5分であなたをコールバックします。
　　　c.　私は5分にあなたをコールバックします。(G)

　(60a-c)の場合，(61)-(63)の訳ではどれも似たような日本語になり，どれが正しいのか判断できません。また，(64a-c)の場合も(65)-(67)の訳となり，どれも日本語になっていないので判断できません。したがって，適切な前置詞を調べる際に，翻訳サイトで訳させてみるというのは避けるべきだと思われます。

　では，Google翻訳にはどういう特徴があるでしょうか。

(68)　Let me know when you are ready to order.
(69) a.　オーダーにいつ準備ができているか知らせてください。(E)
　　　b.　あなたはいつ注文することができるかについてわか

らせてください。(Y)

  c. ご注文する準備ができたら，私に知らせてください。(G)

(70) There are nice views looking down on the castle from a nearby mountain.

(71) a. よい視界が近くの山からの城を見おろしています。(E)

  b. 近くの山から城を見下ろしている素晴らしい見解が，あります。(Y)

  c. 近くの山から城を見下ろす素晴らしい景色があります。(G)

(72) Be careful not to block the door at stations, especially if the train is crowded. Put backpacks on the floor or onto the baggage shelves. (japan-guide.com)

(73) a. 特に列車が混雑した場合は，駅でドアを閉鎖しないように注意してください。床に，あるいは荷物保管室上にバックパックを置いてください。(E)

  b. 特に電車が込んでいるならば，駅でドアをブロックしないように注意してください。床で，または，手荷物棚の上にバックパックを置いてください。(Y)

  c. 列車は混雑している場合は特に，駅でドアをふさがないように注意してください。床の上や荷物棚の上にバックパックを置く。(G)

(68)，(70)では，(69c)，(71c)のGoogle訳が一番日本語ら

しい訳になっていますし，(72)では，(73c)のGoogle訳が文末の「置く」を除けばきちんとした日本語になっていることがわかります。Google翻訳は，2013年末の時点では構文や熟語がまだ弱いように思いますが，語彙が豊富で，決まり文句的な訳もいいようです。

(74) The mountain covered with snow is very beautiful.
(75) a. 雪で覆われていた山は非常に美しい。(E)
 b. 雪でおおわれている山は，非常に美しいです。(Y)
 c. 雪で覆われた山がとても美しいです。(G)

(74)の場合，(75a)のExcite訳だけが過去分詞の訳が日本語としておかしい訳になっています。

(76) The Enoshima Aquarium is a large, modern aquarium found along the beach across the bridge from Enoshima. (japan-guide.com)
(77) a. 新江ノ島水族館は，江ノ島からブリッジを横切って海岸に沿って見つかった大きく現代の水族館です。(E)
 b. 江ノ島水族館は，江ノ島から橋を渡ったビーチに沿って見つかる大きな，現代的な水族館です。(Y)
 c. 新江ノ島水族館は，江ノ島から橋を渡って，ビーチ沿いに大規模な，近代的な水族館です。(G)

Excite翻訳は過去分詞の訳が苦手なようで，(76)の場合でも(77a)ではfoundが「見られる」でなく「見つかった」となっ

ています。また，bridge が「橋」になっていません。(75b), (77b) の Yahoo 訳では covered, found が理解できる日本語になっています。Google 訳では (75c) の covered はきちんと日本語になっていますし，(77c) では found が訳されていませんが理解できる範囲です。また，(76) の The Enoshima Aquarium には新がありませんが，Google 訳と Excite 訳では正しく「新江ノ島水族館」となっています。それぞれに不備点がありますが，三つのサイトの訳全体で一つの訳にすると，より正しい日本語に近づくと思われます。

(78) I can't find my pen. I must have left it somewhere.
(79) a. 私はペンを見つけることができません。私はそれをどこかに残したに違いありません。(E)
  b. 私のペンが見つかりません。私は，それをどこかに去ったにちがいありません。(Y)
  c. 私は私のペンを見つけることができません。私はどこかでそれを残しておく必要があります。(G)

(78) の must have + 過去分詞を「〜たに違いありません」と訳せているのは，予想どおり (79a, b) の Excite 訳と Yahoo 訳です。英辞郎で「must have left」を引くと，「忘れてきたに違いない」となっていますので，訳としては「去った」「残した」でなく「忘れてきた」が正しいことがわかります。したがって，英辞郎で訳を確認する作業も必要な場合があると思われます。

最後に，時制についてきちんと訳せるかみてみます。

(80) a. It had been raining for an hour when I left the office.
   b. It has been raining for an hour when I left the office.
   c. It was raining for an hour when I left the office.
(81) a. 私がオフィスを去った時,雨が1時間降っていました。
   b. 私がオフィスを去った時,雨が1時間降っています。
   c. 私がオフィスを去った時,雨が1時間降っていました。(E)
(82) a. 私がオフィスを出たとき,1時間雨が降っていました。
   b. 私がオフィスを出たとき,1時間雨が降っていました。
   c. 私がオフィスを出たとき,1時間雨が降っていました。(Y)
(83) a. 私はオフィスを出たとき,それは時間の雨が降っていた。
   b. 私はオフィスを出たとき,それは時間の雨が降っています。
   c. 私はオフィスを出たとき,それは時間の雨が降っていた。(G)

すると,(81a, b) の Excite 訳は (80a) と (80b) との違いが訳せていますが,(81c) の訳も (81a) と同じ訳になっています。しかし,これは日本語としては差が出せないためだと思われます。(82) の Yahoo 訳はすべて同じ日本語になっていますし,

(83)は日本語になっていません。したがって，時制の問題を訳で判断するのは難しいといえます。

(84) a.　May you pass the exam!
　　 b.　May you have a pleasant trip!
(85) a.　試験に合格しますように！
　　 b.　楽しい旅行を持っていますように！（E）
(86) a.　あなたは，試験にパスするかもしれません！
　　 b.　あなたは，楽しい旅行をするかもしれません！（Y）
(87) a.　あなたが試験に合格するように！
　　 b.　あなたが楽しい旅行を持っているように！（G）

1.2.1節（25），2.1.1節（25）で祈願文を扱いましたが，(84a)を(85a)のようにきちんとした祈願文にできたのはExcite翻訳でした。しかし，(84b)は，どの翻訳サイトでも正しい日本語になりませんでした。これはhave a pleasant tripが(85b)，(87b)では定型（熟語）としてうまく訳せていないためですし，(86b)のYahoo訳ではこの定型部分はうまく訳せているのに，祈願文になっていないためです。いずれにしても，感嘆符はつけておく必要があります。

以上のことをまとめると，翻訳サイトで英文和訳をさせる技としては，次のようなものがあることになります。

①Excite翻訳は構文が，Yahoo翻訳は熟語が，Google翻訳は語彙が強いという特徴があることを踏まえておいて，すべてのサイトで訳をさせて日本語訳をみる。②英辞郎で定型部分の訳を確認する。③Excite翻訳，Yahoo翻訳では疑問文に？をつけ忘

れないようにする。Excite翻訳は過去分詞の訳が上手でないことがある。④前置詞の適切さや時制の問題を調べる目的では用いない。⑤祈願文にはExcite翻訳を用い,感嘆符をつける。

また,Google翻訳のサイトでは,多言語間の翻訳ができること,文の発音がきけるという特徴があります。

これら三つのサイト以外にも翻訳サイトはあります。同じ作業をして比べてみてください。ただし,2013年末現在,WeblioとInfoseekの翻訳は,Yahoo翻訳と同じ結果になるようです。

3.2. 和文英訳

和文英訳についても少し概観してみたいと思います。

(1) 僕はふつう学校へ行く前に歯を磨きます。
(2) a. I brush my teeth, before usually going to school. (E)
　　b. I brush my teeth before usually going to school. (Y)
　　c. I will brush my teeth before going to school normally. (G)
(3) 僕は学校へ行く前にふつう歯を磨きます。
(4) a. I usually brush my teeth, before going to school. (E)
　　b. I usually brush my teeth before going to school. (Y)
　　c. I brush the teeth usually before going to school. (G)

副詞「ふつう」の位置が三つのサイトに共通の問題です。日本語では (1) のように副詞は「学校」の前にあるのがいいのですが，(3) のように「歯を」の前に置かないとうまく副詞 usually が入りません。また，(4c) では my teeth ではなく the teeth となってしまうのは問題です。

(5)　私はその絵にとても興味がある。
(6) a.　I am very interested in the picture.（E）
　　b.　I am interested in the picture very much.（Y）
　　c.　Very interested in the picture is me.（G）
(7) a.　僕はそのニュースに失望した。
　　b.　僕はそのニュースに失望した
(8) a.　I was disappointed at the news.（E, Y, G）
　　b.　I was disappointed in the news.（G）

(5), (7) でも (6c), (8b) の英訳はよくありません。Google ではきちんと句点（。）をつけた (7a) は (8a) になりますが，句点をつけなかった (7b) では (8b) のように in が選択されました。

こういう場合には，英辞郎や Google 検索でその表現の適切さを確かめます。英辞郎では，(6) の場合，E ②により be 動詞を省いて「very interested in」と「interested in very much」で検索します。すると，very の例が多く，(6a) のほうがよいことがわかります。very much の場合も，「very much interested in」という例がありました。(7) では，英辞郎で E ②により冠詞を省いて「disappointed at|in news」で OR 検索します。すると，

at the news の例があるので，(8a) が正しいと判断します．

(9) a.　君はそのアルバイトが気に入っていますか．
　　b.　あなたはそのアルバイトが気に入っていますか．
(10) a.　Are you pleased with the part-time job?（E）
　　b.　Do you like the part-time job?（Y）
　　c.　You do you like the part-time job.（G）
　　d.　Are you pleased with the part-time job.（G）

(9a, b) では Excite 訳，Yahoo 訳ともに同じ結果になりましたが，Google 訳では (9a) では (10c) でしたが，(9b) では (10d) となり，文がよくなりました．Google 翻訳では「君」でなく「あなた」を使う必要があるようです．ただし，(10c, d) ではどちらの文も？でなく，ピリオドになってしまっています．したがって，疑問文には？をつけておく必要があります．

(11) a.　私は彼に以前会ったことを覚えています．
　　b.　私は以前彼に会ったことを覚えています．
(12) a.　I remember having met him before.
　　b.　I remember having met him before.（E）
(13) a.　I remember that I met him before.
　　b.　I remember that I met him before.（Y）
(14) a.　I remember seeing before him.
　　b.　I remember seeing him before.（G）

(11) では，(12)-(14) の訳のうちどれが適切かを英辞郎で確かめるには共通する要素「I remember」と E⑩により「覚えて」

の語幹である「覚え」を組み合わせて,「I remember たことを覚え」と,英語と日本語を混ぜて検索します。すると,having met は meeting でいいことがわかりますし,(13) の that の例もあることがわかります。Google 翻訳では,(11a) の訳である (14a) では before の位置が変ですが,(11b) のように「以前」の位置を変えた訳である (14b) では before の位置が正しくなります。副詞の位置に注意が必要です。最後に,Google で "I remember seeing|meeting him before" という語と語の OR 検索をして,meeting と seeing のどちらの頻度が高いか調べてもいいでしょう。

(15)　忘れずにこの手紙を投函してください。
(16) a.　Please post this letter, without fail. (E)
　　 b.　Please mail this letter without forgetting it. (Y)
　　 c.　Please to mail this letter to not forget. (G)
(17)　この手紙を投函するのを忘れないでください。
(18) a.　Please do not forget to post this letter. (E)
　　 b.　Please do not forget to mail this letter. (Y)
　　 c.　Please do not forget to post this letter. (G)

(15) では,英辞郎で「忘れずに」で検索すると don't forget to do あるいは remember to do 構文が使われています。したがって,(16a, b) の without 句の部分は,そのどちらかの表現を使えばいいことがわかります。(16c) は英文になっていません。また,(15) を (17) のように日本語を変えると (18) のように forget to do の構文になりました。日本語を工夫する必要がある

ことがわかります。「投函する」は post, mail どちらもあるようです。

(19) a. "please don't forget to post"|"please do not forget to post"
b. "please don't forget to post"|"don't forget to post"

ちなみに，(19a) では，Google で節と節の OR 検索をすれば Please don't forget to の例のほうが多いことがわかりますし，(19b) でも，Google で OR 検索をすれば please がないほうが多いことから，please は必ずしもつけなくていいことがわかります。

(20) a. あなたは私とテニスをしませんか？
b. 私とテニスをしませんか？
(21) a. Don't you play tennis with me?
b. Isn't played tennis with me?（E）
(22) a. Do you not play tennis with me?
b. Do you not play tennis with me?（Y）
(23) a. Do not you play tennis with me?
b. Why do not you play tennis with me?（G）

(20) では，Excite 翻訳はきちんと主語を入れておかないと (21b) のような変な受身文になりますが，主語を入れた (21a) は正しい文になります。Yahoo 翻訳，Google 翻訳では主語がなくても問題ないようですが，(22a, b)，(23a, b) の Do you not, Do[do] not you は少し変な表現です。英辞郎で「ませんか」あ

るいは「ませんか play」で人を誘う言い方の例をみて参考にします。Would you like to, Why don't you などの定型表現があります。

(24)　このはさみはよく切れる。
(25)　a.　These scissors are turned off well.（E）
　　　b.　These scissors cut well.（Y）
　　　c.　The scissors cut well.（G）
(26)　この本はよく売れる。
(27)　a.　This book sells well.（E）（Y）
　　　b.　I sell well this book.（G）

(24)，(26) では，英辞郎で「よく切れる」「よく売れる」で検索すると，定型として cut well, sell well があるので (25b, c)，(27a) でよいことがわかりますが，(25a) の Excite 訳はよくありません。これは人を示す主語がないためではないかと思われます。(25c) の Google 訳では These が The になっていますし，(27b) もよくない英語です。

(28)　a.　この服はどこで試着できますか。
　　　b.　私はこの服をどこで試着できますか。
　　　c.　僕は僕が引っ越す前にすべての家具を売ってしまうべきだった。
(29)　a.　Where can this dress be tried on?
　　　b.　Where can I try on this dress?
　　　c.　I should have sold all the furniture, before I moved

out. (E)
(30) a. Where can I try on these clothes?
   b. Where can I try on these clothes?
   d. I should have sold all furniture before I moved. (Y)
(31) a. Where can I try this dress.
   b. Where can I try this dress.
   c. I was to become selling furniture all before my move. (G)

すでに (21b) でもみたように, Excite 翻訳では主語を入れないと, (28a) は (29a) のように受身文にされてしまうので, (28b) のように必ず主語を入れる必要があります。これに対し, Yahoo 翻訳や Google 翻訳では主語を入れなくても大丈夫なことがわかります。ただし, (31c) は英語になっていません。

(32) a. 私はあなたと会ったレストランをまだ覚えています。
   b. 私は私があなたと会ったレストランをまだ覚えています。
   c. 私は私があなたと会った日をまだ覚えています。
(33) a. I still remember the restaurant which met you.
   b. I still remember the restaurant where I met you.
   c. I still remember the day when I met you. (E)
(34) a. I still remember the restaurant which met you.
   b. I still remember the restaurant where I met you.
   c. I still remember the day when I met you. (Y)
(35) a. I still remember a restaurant that I met with you.

b. I still remember a restaurant that I have met with you.

c. I still remember the day I met you.（G）

（32a）の訳としては，関係副詞のある場合は（33a）のExcite訳だけでなく（34a）のYahoo訳もよくありませんが，「私が」を追加した（32b）の場合は（33b），（34b）のExcite訳とYahoo訳が正しい英語になりました。（32c）の場合も，（33c），（34c）の訳で問題ありません。しかし，（35a, b）のGoogle訳はどちらもあまりいい英語になりませんでした。ただし，（35c）は正しい英語です。

(36) a. 私は大学からあまり遠くない部屋を探しています。

b. 君は健康上の理由で朝食を抜くべきではない。

(37) a. I am looking for the room in which a long distance is not not much from a university.

b. You should not skip breakfast for the reasons of healthy.（E）

(38) a. I am looking for the room which is not so far from the university.

b. You should not pull breakfast for a health reason.（Y）

(39) a. I'm looking for a room not far from the university.

b. You should not skip breakfast for health reasons.（G）

(36a) では修飾語の「あまり」を省き,「から　遠くない」を英辞郎で引くと,「not far from」となるので,(38a),(39a) の文はよいことがわかります。(38a) の so がいいかどうかは,Google で「"is not * far from the" site:edu」で検索します。すると,最初の 10 例では,too 3 例,so 3 例,very 3 例,that 1 例でした。COCA コーパスでは「not * far from the」で検索すると too 53 例,that 15 例,very 13 例,so 13 例となり,so でもいいことがわかります。(36b) では,「健康上の理由で」を英辞郎で引くと,for health reasons だけが一致し,「朝食を抜く」を引くと,skip breakfast が一致しますので,(39b) の Google 訳がいいと思われます。

(40)　花粉症の原因の一つは生活習慣の変化です。

(41) a.　One of the causes of hay fever is change of a lifestyle.（E）

　　 b.　One of the causes of hay fever is a change of the lifestyles.（Y）

　　 c.　One of the causes of hay fever is the change in lifestyle.（G）

(40) について,三つのサイトの訳で違っているのは,「生活習慣の変化」の部分です。「生活習慣」は lifestyle で一致していますが,「の変化で」は change で一致しているものの,前置詞や冠詞に違いがあります。そこで,英辞郎で E ⑩により「の変化 change in|of」で検索します。a change in という例が多いので,あとは the change か a change になります。そこで Google

で，"is a|the change in lifestyle" で OR 検索すると，やはり a でしたので (41c) の後半を「is a change in lifestyle」とします。ちなみに，この後半部を site:edu で検索すると，実例 15 件（推定 200,000 件），site:uk で実例 46 件（推定 38,800 件）でした。これに対して，サイト内検索なしで "is change of a lifestyle" と "is a change of the lifestyles" を検索しても 3 件と 0 件しかなく，適切な英語とは言い難いことがわります。

以上のように，無料のサイトでは和文英訳ではこれがいいというのはありませんが，使う際には，次のようなことを踏まえて使うのがいいでしょう。

翻訳サイトで和文英訳をさせる技としては，次のようなものがあることになります。

① Excite 翻訳ではきちんと主語を入れておくこと，Google 翻訳では「君」でなく「あなた」を使う必要がある。②副詞の位置には注意が必要である。③ Google 翻訳では句読点をきちんとつけた文を訳させる。④英辞郎で定型部分の訳を確認する。⑤複数の候補があるときは Google や英辞郎で OR 検索をする。あるいは，アスタリスクを用いた Google 検索をする。

しかし，吉川（1995），巻下・瀬戸（1997），本多（2005），伊原（2011），衣笠（2012）などをみてもわかるように，特に日本語を英語に翻訳する作業は両者の構造が大きく違いますし，日本語は英語と違い，省略などが多く，はっきり表現しない言語であるために容易なものではないといえるでしょう。

参考文献

Anderson, W. and J. Corbett (2009) *Exploring English with Online Corpora*, Palgrave, New York.
遠田和子 (2009)『Google 英文ライティング』講談社インターナショナル, 東京.
本多 啓 (2005)『アフォーダンスの認知意味論：生態心理学から見た文法現象』東京大学出版会, 東京.
伊原紀子 (2011)『翻訳と話法——語りの声を聞く』松籟社, 東京.
井上永幸・赤野一郎(編) (2013)『ウィズダム英和辞典』(第3版), 三省堂, 東京.
石川慎一郎 (2008)『英語コーパスと言語教育』大修館書店, 東京.
柏野健次 (2010)『英語語法レファレンス』三省堂, 東京.
衣笠忠司・赤野一郎・内田聖二(編) (1993)『英語基礎語彙の文法』英宝社, 東京.
衣笠忠司 (1998)『語法研究と言語情報』英宝社, 東京.
衣笠忠司 (2010)『Google 検索による英語語法学習・研究法』開拓社, 東京.
衣笠忠司 (2012)『マンガ対訳本から学ぶ 日英対照 英語表現研究』開拓社, 東京.
衣笠忠司 (2012)「Google・英語コーパスを利用した動詞検索について」『言語情報学研究』第8号, 1-15, 大阪市立大学文学研究科言語情報学会.
小西友七 (1976)『英語シノニムの語法』研究者出版, 東京.
小西友七・南出康世(編) (2007)『ジーニアス英和辞典』(第4版), 大修館書店, 東京.
巻下吉夫・瀬戸賢一 (1997)『文化と発想とレトリック』研究社出版, 東京.
Swan, M. (2005) *Practical English Usage*, 3rd ed., Oxford University

Press, Oxford.
八木克正(編) (2004)『ユースプログレッシブ英和辞典』小学館, 東京.
八木克正 (2013)「My hobby is collecting stamps. / My job is to cure diseases.——補語の形式を指定する主語名詞——」『英語語法文法研究』20, 73-87.
八木克正・井上亜依 (2013)『英語定型表現研究——歴史・方法・実践——』開拓社, 東京.
吉川田鶴子 (1995)『日英比較 動詞の文法』くろしお出版, 東京.

索　引

1. 日本語は五十音順に並べ，英語（で始まるもの）はアルファベット順で最後に一括してある。
2. 数字はページ数を示す。

[あ行]

アステリスク　3-26, 38, 65, 68, 79, 114, 119, 126, 133, 135, 139-141, 144, 146-150, 178

アポストロフィ　106, 130, 133, 140

アメリカ　3, 11, 18, 29, 39, 57, 59, 70-71, 85, 106, 134, 144

アルク　78, 133

イギリス　3, 9, 35, 39, 57, 59, 70, 134, 144

意味的　5, 23, 30, 48, 50, 99

引用符　8, 44-45, 52-53, 56, 76, 82, 88-89, 91-92, 97, 99, 111, 114-116, 118, 133, 135, 142

英語と日本語　78, 80, 119, 126, 133, 172

英辞郎　11, 23, 73, 78-134, 136, 138, 140-141, 143-145, 147, 150, 161, 166, 168, 170-174, 177-178

英米の違い　28, 40, 53, 59, 70

英和辞典　4, 12, 63, 78, 115, 141

[か行]

過去形　8, 16, 65, 95, 126, 130, 138

活用形　7, 27, 33-35, 65, 79, 88-90, 133, 136, 146

関係代名詞　16

関係副詞　176

衣笠　3, 6, 9, 27, 29, 42-43, 50, 57, 65-66, 69, 71, 78, 81, 134, 178

疑問詞　4, 6, 25-26, 35, 39, 157

疑問文　11, 79, 98, 127-128, 168, 171

句と句のOR検索　55, 66, 69-70, 73, 91-92, 111, 113-115, 118

形容詞　5-6, 17, 23, 31, 36-37, 41-42, 51, 57, 68-69, 71, 73, 76, 79, 81, 86-87, 103-105, 108-109, 112, 118, 120, 130, 135-136, 145

原形不定詞　5-7, 27, 49-50, 63, 79, 96-98, 102-103, 147

検索オプション　3, 18, 46

件数比較　3, 27-28, 39-40, 43, 53,

55, 57, 66, 69, 137, 143
語幹　80, 87, 96, 119, 125-126, 129, 131, 171
語と語の OR 検索　26-43, 45, 53-54, 61, 73, 76, 111, 118, 135, 143-145, 150, 172
語と句の OR 検索　46, 80-81, 92-93, 96, 111-112, 116-118, 133
固有名詞　5, 8, 24, 68

[さ行]

サイト内検索　2-3, 8-28, 40, 44-46, 53, 55-56, 58-59, 70-71, 73, 133, 178
使役構文　49
時制　46, 94, 166, 168-169
推定件数　2, 27, 40, 44, 46, 54-56, 58, 70
数の一致　35, 41, 64, 90, 94, 107
接続詞　5, 7, 26-27, 33
節と節の OR 検索　43-69, 76, 113, 173
選択肢　3-4, 7-8, 27, 40, 45, 47, 60-61, 65, 80

[た行]

ダブルクォート　→引用符
定型（表現）　6-7, 26-31, 42, 48-51, 79-90, 92-115, 119-132, 139-140, 161, 168, 174, 178

動名詞　5-7, 27, 35, 45, 48, 50-51, 62, 79-80, 98-101, 146, 148

[は行]

パイプ　6, 11, 45, 53-54, 79-80, 83, 88-90, 95-96, 133, 135, 143, 145-146, 148, 150
はさむ　4, 7, 45, 47, 60-61, 66, 79, 82, 119, 126, 137
否定　5, 61, 67, 80, 110, 112
副詞　7, 27, 31, 42, 76, 79, 87, 106, 108, 118, 124, 135-138, 170, 172, 178
複数形　79, 105, 107, 123
文脈　4, 8-9, 14-16, 18, 25, 42, 68
平叙文　79, 95, 131

[ま行]

マイナス検索　21-22, 74-75
名詞句　4-5, 7, 21, 23, 27, 34, 40-41, 60, 89, 105, 107
命令文　4, 14, 79, 129

[英語]

～　79-81
__　80-81
｜ ｜　79-80, 101, 104-106, 110, 121-124, 127-128, 130-131
*ing　79-80, 93, 95-96, 98-102, 110,

116, 121-122, 129, 133, 147
*n't|*not 80, 102, 110, 112
*s 79, 91, 107
*self 79-80, 85-86
before 18, 29-30, 84-85, 120, 148, 154, 160, 169, 171-172, 174-175
BNC 57, 96, 115, 125-126, 134, 136, 139, 142-144
cannot 2, 55-56, 80, 102, 113, 128
COCA 23, 53, 57, 73, 96-97, 106, 114-115, 119, 125-128, 133-150, 177
Excite 翻訳 65, 157-158, 162, 165, 168-169, 173, 175, 178
Google 翻訳 163, 165, 168-169, 171-173, 175, 178
never 5, 29-30, 49, 67, 84-85, 96, 111-112, 146-147, 158
not 5, 15-16, 62, 80, 102, 110, 112, 129, 164, 172-173, 176-177
OR 検索 3-4, 6-7, 11-12, 14, 16, 18, 20, 22, 26-76, 79-81, 83-118, 133, 135, 143-150, 170, 172-173, 178
please 4, 11-12, 14-15, 79, 127-129, 172-173
someone 62-63, 79-81, 86, 94, 96, 101-102, 109-110, 116, 121, 127, 130, 132-133
than 68, 112, 155
there 19, 29, 34, 71, 84, 90, 121, 143, 157, 164
to 不定詞 4-7, 14-16, 19, 22, 27, 31, 36-37, 42, 45, 48-51, 57, 61-63, 81, 85-86, 90, 96-101, 103-104, 108-109, 123, 128-130, 133, 148-149
Weblio 133, 169
Wikipedia 35
Yahoo 翻訳 157, 160-162, 168-169, 173, 175
yet 29, 84, 153

衣笠　忠司（きぬがさ　ただし）

1949年，兵庫県生まれ。1974年，神戸市外国語大学大学院（修士課程）修了。現在，大阪市立大学名誉教授。博士（文学）。
　主な著書：『英語基礎語彙の文法』(英宝社，共編著，1993年)，『語法研究と言語情報』(英宝社，単著，1998年)，『ユースプログレッシブ英和辞典』(小学館，共著，2004年)，『Google検索による英語語法学習・研究法』(開拓社，単著，2010年)，『マンガ対訳本から学ぶ　日英対照　英語表現研究』(開拓社，単著，2012年) など。

英語学習者のための
Google・英辞郎検索術　　　　〈開拓社　言語・文化選書48〉

2014年10月20日　第1版第1刷発行

著作者　　衣　笠　忠　司
発行者　　武　村　哲　司
印刷所　　萩原印刷株式会社

発行所　　株式会社　開　拓　社　　〒113-0023　東京都文京区向丘1-5-2
　　　　　　　　　　　　　　　　　　電話　(03) 5842-8900（代表）
　　　　　　　　　　　　　　　　　　振替　00160-8-39587
　　　　　　　　　　　　　　　　　　http://www.kaitakusha.co.jp

© 2014 Tadashi Kinugasa　　　　　　ISBN978-4-7589-2548-8　C1382

JCOPY　<（社）出版者著作権管理機構　委託出版物>
本書の無断複写は著作権法上での例外を除き禁じられています。複写される場合は，そのつど事前に，（社）出版者著作権管理機構（電話 03-3513-6969, FAX 03-3513-6979, e-mail: info@jcopy.or.jp）の許諾を得てください。